新潮新書

南 直哉
MINAMI Jikisai

恐山

死者のいる場所

464

新潮社

まえがき

青森県下北半島、霊場恐山。どんなところかわからなくても、この名を聞いたことのある人は、昨今そう少なくはないだろう。

さらにまた、どんなところか今までまったく知らなかった人でも、この名称を見ればそれだけで、いろいろなイメージが湧いてくることを禁じ得まい。

私は、その恐山に住職代理の立場で入って、今年で八年目になる。それ以前に恐山について持っていた知識やイメージは、僧侶とはいえ、今この本を手にとられる読者と、おそらく大差あるまい。

初めて恐山を訪れた人が、本当のところ、どんな印象や想いを持つのか、私は知らない。ただ、私の場合は、ここに来なければ、生涯決して真正面から取り組まなかったであろう、あるいは取り組めなかったであろう問題に、気持ちのままに言えば、いきなり襲われたのだ。

その問題とは、死者とはいかなる「存在」なのか、ということである。

すると、お前はこれまでそういうことを考えなかったのか？　坊さんがそれではおかしかろう――と言う人もいるだろう。そのとおりである。そのとおりだったから、衝撃が大きかったのだ。

だが、あえて問いたい。では、私以外の坊さんが、死者という「存在」の仕方についてどれほどのことを考えているのか、と。

これを「霊魂」や「心霊現象」や「あの世」「霊界」という道具立てで物語る者がいるなら、それはそれで結構だ。だいたい恐山にひろがる光景は、そういう語りに、これ以上ないほど、うってつけである。

しかし、私はその種の語り口に興味はない。私が恐山で身にしみて感じたことを、それらはリアルに語らない。

ならば、どう語るのか。直面してみればそれは、実際、これまで蓄えてきた仏教や禅の知識がほとんど通用しない領域だった。それなりに苦心して制作した理屈が、まるで無効な相手だった。

となれば、もはや、ここでの経験に今持ち合わせている言葉をとにかくぶつけてみて、反響してくるものに耳を澄ますしかない。そこから、今までとは質の異なる言葉をしぼりだすしかない。

かくして七年、考え続けてきたことを、一度文章にしておこうと決めて、まとめたものが本書である。

この本が果たして「成功」しているのかどうか、私にはわからない。大いに疑わしいと言ったほうがよいかもしれない。しかし、すでに現時点で、成功だろうが失敗だろうが、私にとっては大事な本になっている。

もうひとつ言わせてもらえば、宗教学的に、文化史的に、あるいは民俗学的になど、学問的に恐山を扱った書物や文献はあろう。そしてまた、それらをはるかに凌駕する数の、昨今言うところの「スピリチュアル」的言説に恐山は乗せられてもいよう。

この本は、そのいずれとも違う。恐山をテーマにして本書に類するものは、今までないし、あえて言えば、今後も当分は出ない。そう思う。

そういうわけで、本書は一本の理屈の筋がきれいに通ったものではない。怪談的体験噺の羅列でもない。語ろうとしている事柄が、そのような語り口を受け容れないのだ。

ともかく、第一章は、私の講演をほぼそのまま活字にしたものである。この講演の原型は、私が恐山で参拝者に対して行っていた法話だ。ここに、私が恐山についてこれまで考えてきたことの根幹が、いわばナマの形で出ている。

それに続く各章は、今まで何回か公にしてきた文章を含めて、講演口調に書き下ろした。そこに書かれているのは、すでに述べたように、死者や恐山についての理論でも思想でもない。あえて言えば、「思ったこと」である。それが両者を語る上で有効だったかわからないが、私としては、これ以外に適当な方法がなかったのだ。

ちなみに、第二章は、永平寺から恐山へという、百八十度的転身の経緯を述べている。個人的な事情を開陳する必要もなかったところだが、転身の成り行きに興味を持つ人が絶えぬので、聊《いささ》かの打ち明け話をした次第である。ご容赦を請う。

恐山　死者のいる場所　目次

第一章　恐山夜話

この世の果て

みなさまこんばんは。南直哉と申します。

私の姿をご覧になっていただければわかるように、「お坊さん」をしております。お寺の生まれではありませんが、思うところあって、当時勤めていた会社を辞め、一九八四年に出家得度しました。福井県にある曹洞宗の大本山・永平寺で約二十年の修行生活をおくったのち、二〇〇五年から、今からお話する青森県下北半島にある霊場・恐山におります。現在はそこを管理する菩提寺の院代（住職代理）という立場であります。

この講演のタイトルは「恐山夜話」。みなさまがどのような話を期待されているのか、世間事に疎い私でさえ、そのあたりわからないでもない。夏場のテレビや雑誌で毎年お馴染みの怪談話を、ひょっとしたら期待されているかもしれません。

みなさまがそう思われるのも無理もないことだと思います。

なにせ、あの、恐山。

古くから日本人に知られる霊場でございますから、そこがどんなにおどろおどろしい場所であるか、それを知りたいと思っている方もたくさんおられることでしょう。「日本三大霊場」「日本三大霊地」「日本三大霊山」、そのいずれにもランク・インしているのは恐山だけであります。

先にちょっとお伺いしておきたいのですが、みなさまの中で恐山に行ったことがある、という方はどのくらいおられますか？

お、結構いらっしゃいますね。ありがたいことでございます。

ならばそこがどのような場所であるか、おわかりの方も多いでしょう。足を運んだことのない方でも、テレビや新聞、雑誌などさまざまに紹介されているので、なんとなくイメージがあることかと思います。

とにもかくにもまずは、あの風景です。その強烈な風景には圧倒的なインパクトがあります。

ゴツゴツとした岩がむき出しのまま いくつかの丘をなし、その裂け目からはモクモクと煙が噴き出ている。あたりはガスに包まれ、硫黄の匂いがツンと鼻を刺す。丘の上から南西に目を移せば、そこには湖があり、青く美しい湖面が広がっている。岸の砂浜には小石が積み上げられ、大量の風車が山上の冷たい風に吹かれて、カラカラと音を立てながら回っている——。

まさにこの世の果て。他に類のない異形の風景に心を奪われることでしょう。そこに、伽藍《がらん》や山門、地蔵菩薩、巨大な卒塔婆《そとば》、燈籠といったお寺の設《しつら》えがある。

それが恐山というところでございます。

恐山といっても、そのような山が実際にあるわけではなく、正確には、火口にできた土地のことを指します。つまりカルデラなのですが、それは下北半島の中心であるむつ市から、恐山街道と呼ばれる山道を車でくねくねと二、三十分登った先にあります。この先にはたしてそんな場所があるのだろうかと不安になるような細い山道を登っていくと、門が見えてきます。

「結界門」と我々は呼んでいますが、正式名称ではありません。「結界」とは、もともと僧侶の修行の場を言い、俗世界からの区別を強調します。その意味からすると、いよいよここから先は恐山の聖域であることをこの門は示していることになります。

荒涼たる恐山の風景。ゴツゴツとした岩場の脇には小石が積み上げられ、奥には宇曾利湖が見える（写真上）。巨大な卒塔婆（写真下）

門をくぐり、しばらく進むと、突如バッと視界が開けて、左手にカルデラ湖の宇曾利《うそり》湖が見えてきます。その透き通った青い湖面はとても美しい。

その湖から一筋、川が車道の方に流れているのですが、その名は、誰が付けたか知らないが「三途の川」。そこを渡れば「あの世」というわけです。他にも境内には、「賽の河原」や「血の池地獄」「無間地獄」など、「八大地獄」に見立てた場所があります。そのネーミングからして、衆生のみなさまを驚かせる気満々。またそう思わせるだけの風貌ですから、恐山と聞いて、おどろおどろしいイメージが湧くのも当然のことです。

温泉場としての恐山

風景に目を奪われていると、突如強烈な硫黄臭が襲ってきます。あまり知られていませんが、恐山には大変良質な温泉があります。古く江戸時代の文献にも、恐山が湯治場として有名で、全国から人々が集まってきた様子が記されています。境内には四つの外湯と宿坊（寺院が管理する宿泊施設）内の大浴場があり、いずれも「源泉かけ流し」の、乳白色をした非常に泉質の高い浴場です。

四つの外湯は、それぞれ「花染の湯」「薬師の湯」「冷抜《ひえぬき》の湯」「古滝の湯」と名づけられ、美肌や眼病、神経痛やリュウマチなどに効能があるとされています。ちなみにこの外湯、参拝者は時間内であればどなたでも入浴することができます。余談ですが、数年前に秋田の温泉場で宿泊客が硫化水素中毒で死亡するという事件がありました。そんなことがあると、「恐山は大丈夫か」とジャンジャン電話が掛かってくるのですが、心配ありません。約十キロ四方のオープン・スペースに風がビュービュー舞っているわけですから、硫化水素で中毒になることはありません。

恐山境内にある外湯のひとつ

　しかしこの硫化水素、金属への影響は相当なものです。鉄や銅といった金属はあっという間に腐食してしまいます。お賽銭や公衆電話に使われた十円玉は、一日おけば真っ黒になってしまって、二度と町中では使えません。そんな具合ですから、電化製品はしばらく使うと軒並み不調になり、耐用年数は「下界」の何分の一。あそこで生活しているといろいろと不便なことがあります。

九年前、現住職が一念発起して大きな宿坊を新築しました。宿泊客のための自動販売機があるのですが、「お釣りが出なくなった」なんていう質の悪い故障をすることもあって、苦情を受けることもしばしばです。

私もコンピューターを一台持ち込みました。それが六カ月経つとどうなるかというと、ある日スイッチを入れた途端にブシュッと音がして、さらに画面から白い煙が出て、そのままおダブツ。携帯電話は、現在は部分的に電波が通じますが、持ち込んで三カ月ぐらいすると、液晶画面がだんだん薄くなり、そのうち真っ青になってプツンと切れる。一番弱いのはデジタルカメラです。これは一週間もするとレンズが勝手に出たり引っ込んだりして――それを「怪奇現象だ」という人もいますが、そんなワケはありません。ただの化学反応――そのまま動かなくなります。

金属のアクセサリーなんてとんでもないことで、鉄もダメですよ。新築した宿坊は、ステンレスの釘を特注して使ったそうです。一本百円以上。建設には、平地の三倍ほどの手間と費用がかかったようです。とにかくそんな不便な環境であります。

それから、恐山では自生していない木は根付きません。一時期、住職が山に彩りを添えようと桜の木を百本移植したのですが、根付いたのはわずか一本、なんて話も聞きました。

まさにこの世の果て、と言える恐山の自然環境はかくも厳しいものです。私はここに来て、つくづく自然には勝てないということを悟りました。

「恐山のイタコ」はいない

一般に、恐山を思い起こしたときに、そのイメージから絶対に外せないのがイタコでありましょう。これはもう切り離せないものです。恐山といえばイタコ、イタコといえば恐山。みなさんもそう思っていることかと推察いたします。

はたして、イタコとは何者なのか。

もとは青森を中心とする北東北地方で霊媒をする女性のことを指すようです。まあ、霊媒師というか巫女さんのことです。「口寄せ」と呼ばれる降霊術を行い、死者の魂を呼ぶと言われています。しかしこれは起源がはっきりしていません。目の不自由な女性の生業として始まったのだろうと言われていますが、はっきりとした起源はない。古くからこの地域の民間信仰にもとづいたものだとは思うのですが、それについては一般に大きな誤解があります。

それは、「恐山のイタコ」というものは、元来存在しない、ということです。

つまり、恐山がイタコを管理しているわけでも、イタコが恐山に所属しているわけでもないのです。両者の間に一切の契約関係はございません。そのことをまず申し上げなくてはいけない。

というとみなさんは、「でも、実際に恐山にイタコが集まって口寄せをしているじゃないか」と思われるでしょう。それはその通り。恐山の参拝客に対して、イタコは今でも降霊術をしている。それは事実。ただ、我々恐山を管理する立場にある菩提寺の人間と彼女たちに一切の関係はなく、また介入もしていません。さらに「お客さんがいっぱい来るから、ここで口寄せをしてくれ」と、イタコさんにお願いしているわけでも、

地蔵殿で朝のお勤めに参加するイタコ

「変な誤解を招くからやめてほしい」と禁止しているわけでもないのです。

先日も、イタコさんについてふしぎな問い合わせがありました。

「あのう、インターネットを見ていたら、恐山で修業したというイタコさんがいて、その人はネットで霊媒をしてくれるらしいのですが、信用していいのでしょうか？」

当然、「そんなことはありません。恐山とは一切関係ありません」と答えました。

イタコさんというのは、個人業者です。本来は、自宅に人を招いて行うものです。それが、北東北地方の神社仏閣で大きな祭礼や法要があると、そこには人が多く集まるので、

「出張営業」に来ているのです。例えはよくないかもしれませんが、縁日の出店みたいなもの、と考えていただいた方が妥当です。

我々菩提寺の人間も、会えば挨拶はするし、本名ぐらいは知っています。しかし彼女たちの住所も電話番号も、連絡先は一切知りません。むしろ、把握しないようにしています。歴史的な経緯もありますから、イタコさんが恐山に集まって口寄せをするのを拒むことはありません。しかし、参拝客と彼女たちの仲を取り持ったりすることは一切しないのです。

「恐山のイタコ」というイメージが定着したのも、比較的最近のことです。おそらく昭和三十年代頃から、メディアがその様子をこぞって取り上げたことで、そのイメージが定着し、それを目当てに観光客がドッと押し寄せるようになった。

ただ、「恐山＝イタコ」と思われるのもよくわかります。いかんせんあれだけの風景ですから。イタコが口寄せをする環境、舞台装置としては、恐山ほどうってつけの場所もないでしょう。

欲望をイタコにぶつける人々

参拝や観光で訪れることができる恐山の開山期間は、五月一日から十月三十一日までです。その間にかかってくる電話の八割か九割は、イタコさんについての問い合わせです。

「いつ行けば会えるんですか？」

「口寄せをお願いしたいと思っているのですが、いくらかかるのでしょうか？」

「一番有能なイタコを紹介してください」

ご説明したように、我々はイタコさんのマネージャーではありません。

そう申し上げると冷たく聞こえるかもしれませんが、そのような態度を取り続ける理由があるのです。それは、危ないからです。

恐山でイタコに口寄せをお願いしたいと考えている人の多くは、例えば、亡くなったお父さんやお母さん、あるいは友人といった生前親しかった人の言葉、あるいは声が聞きたいと思っている人たちです。大抵の人は、「ああ、お父さんの懐かしい声が聞けました」「お母さんと話ができました」と喜んで帰っていきます。その満足した顔を見ると、それはそれでいいと思う。いいのですが、時としてそれでは済まないことがあります。基本的に口寄せというのは、イタコさんと一対一で向き合って行うものです。そうすると必然、個人的な問題の奥深くに触れざるを得ないことがある。ここが危ない。

去年と今年と立て続けに、同じような内容の電話を受けました。いずれも猛烈な苦情です。電話の主は、双方とも中年の女性。受話器を取り上げた瞬間、「恐山！」と鼓膜が破裂するかと思うほどの叫び声が聞こえてきました。

「ダメじゃないの、あんなイタコさん置いといちゃ！」

「いや、我々は……、関係ないのですが」

「置いとくだけでダメよ！」

と、聞く耳を持ちません。

私も学びました。このようなときは、途中で止めないで、全部しゃべってもらう。あらかた吐き出してもらってから、あらためて「どうしたんですか？」と聞く。

そうすると、二つの電話とも同じような内容の苦情でした。

最初の電話を掛けてきた中年女性は、五人きょうだいの長女。その人は父親の遺産でもめている。もう一人の女性も母親の遺産でもめている人でした。ここまで言えば、おわかりになりますでしょう。つまり、遺産のことできょうだい間の決着がつかないから、自分の父親なり母親なりをイタコさんに呼び出してもらって、解決しようというのです。

人間、欲の皮が突っ張るとどうなるかわからないという、良い例です。私に言わせれば、頼まれたイタコさんも嫌ですと断ればいいのに、プロ根性からか、引き受けた。ところが、口寄せして出てきた父なり母なりの言葉は、その依頼主のお気に召さないものだったのでしょう。その苦情を私にぶつけてきた、というわけです。そんなこと言われても困るのですが、この類のことが恐山にいるとけっこう頻繁に起こるのです。イタコさんに一切介入しない、という理由がおわかりいただけたでしょうか。

余談でございますが、もし遺すだけの財産があるならば、全部遣って死ぬべきですよ。それが世のため、人のため、残される息子、娘のためです。私は、以前、ある住職に頼まれて葬儀を手伝いに行ったことがありました。ある病院長が突然亡くなったという話でしたが、あろうことか、その葬式の打ち合わせをしている隣の部屋で、兄弟が怒鳴り合いをしている。遺産相続をめぐって。長男は私たちと葬式の打ち合わせをしているのですが、それを恥じて真っ赤になってうつむいている。あれを見れば、遺産なんぞは遺しておく方が罪です。そのようなもめ事が、はるか北の恐山のイタコさんにまで飛びこんでくるほど多いというわけです。

死後の世界は「あるのか、ないのか」

どうしても恐山の話をすると、人の興味はイタコさんに向きやすくなります。イタコさんの口寄せは本当なのかどうか、人はどうしてもそれを知りたい。けれど、これについては「母とは違う」とか「前の人と同じことを言った」と苦情を言う人もいれば、涙ながらに「母に会うことができました。ありがとうございます」と感動する人も少なからずいる。その確からしさはどの程度かはわかりませんが、恐山に七年以上もいれば、そのような「事実」はあったのだろうな、というケースを耳にすることは当然あります。

その話を参考までに披露したいと思うのですが、その前に、死後の世界や霊魂の行方に関する仏教の公式見解を述べておかなければいけません。それを踏まえた上で、これからの話を聞いてください。

「はたして死後の世界や霊魂があるのか、ないのか」と問われたときに、「答えない」というのが、ブッダの時代からの公式見解です。それを仏教では「無記」と呼びます。ある男が、この世の成り立ちや死後の世界の有無についてブッダに解答を迫るが、ブッダは一貫してそのような質問には答えなかった、という故事があります。ブッダのそのような態度が「無記」と呼ばれるものです。

なぜ答えないのか。それは「ある」と答えても、「ない」と答えても、いずれにせよ論理的な矛盾が生じて、世界の体系が閉じてしまうからです。

なぜ「ある」と断定するとおかしくなるのか。

それは、「死後の世界や霊魂がある」と話をしているのが、みんな生きている人だからです。例えば、メディアに登場する高名な「霊能者」だって見るからに元気一杯でしょう。

私は寡聞にして、死者が死後の世界の話をしているのを聞いたことがありません。どんな超常的な感覚でもって、生きている人が死後の世界や霊魂の話をしようとも、それが生きている経験として語られている限り、「死後」の話とは言えないのです。

では、「ない」と断定するのもなぜおかしいのか。

考えてみてください。神話でも民話でもいいのですが、古今東西どこでも、この類の話がない民族も社会もないのです。ギリシャ神話でも古事記でもネイティブアメリカンの民話でも、死後の世界が語られていないものはありません。人間が昔からあらゆる場所で延々と語ってきたことを、まったく根も葉もないと断定することもまたできません。

つまりは、「あるか、ないか」と、はてしない議論をしても無駄だからやめておけ、というのがブッダの教えであります。つくづくブッダというのは、頭のいい人だったと思います。

もう一つ、私が読み取った限り、仏教において、この類の話は大して重要ではないんです。それよりも、人間が生きていると、嬉しくて楽しくて結構なことよりも、切なくて辛くて苦しいことの方が多い。それについてどう考えるか、このほうがよほど大事だとするのが、仏教です。みなさんが楽しく生きているんだったら問題ない。それはそれで結構なことです。ただ、仏教の基本的な考えは違う。

必ずしも簡単とは言えない人生を、最後まで勇気を持って生き切るにはどうするか。

それこそが仏教の一番大事なテーマであって、死んだ後のことは、死ねばわかるだろう、ぐらいに考えればいい。これが仏教の公式見解だと私は思っています。

カナダ人とイタコ

さあ、それを踏まえた上で、私が見聞したイタコさんの話を続けたいと思います。

恐山では、夏の七月二十日から二十四日にかけて、大祭と呼ばれる地蔵会《じぞうえ》があります。死者供養中心の行事で、全国から参拝客や観光客が多く集まります。イタコさんが一年で一番多く集まるのもこの時期です。

ある年の大祭の折、カナダ人の男性が観光で恐山にやって来た。彼は通訳の日本人も連れていました。正門をくぐるとそのすぐ脇の、お世辞にもきれいとは言えない小屋の前にたくさんの人が並んでいるのが見えた。大祭のときは、イタコさんのところに最低三時間待ちの行列ができます。夏の盛りにみんな弁当や日傘やゴザを持参して、朝から並んでいるわけです。その行列を見たカナダ人は当然「あれは何ですか」と通訳に聞き、通訳は「この地方に古くからいる霊媒師で、死者の魂を呼んでいるのだ」と答えた。それを聞いてカナダ人は、「おもしろそうだ。自分もやってもらおう」と列に並んだというんです。場にそぐわぬ白人が並んでいるわけですから、見物人も集まります。きっちり三時間経って、ようやくその人の番となり、当時すでに八十歳を過ぎたイタコさんの前に座った。

ちなみに、イタコさんの平均年齢は八十歳を超えつつあって、後継者は少ない。こう言っちゃ悪いけど、絶滅危惧種なんです。四十代の若いイタコさんはあと二人しかいないようです。この人たちが弟子をとらなければ危ない。あるとき、「なんで弟子をとらないのですか。希望者がいないのですか」と聞いたら、なんと「いっぱいいる」と言うんです。高校や大学を卒業して弟子入りした人、ＯＬを辞めて弟子入りした人……、さまざまだけど、みんな続かないようなのです。

もちろん、誰でもいいというわけにはいかない。ならば「どういう人が適任なのか」と聞いたら、ひとつには「欲のない人」と言う。「欲があると（霊が）降りない」そうです。「有名になりたい」とか「金もうけしたい」と思ってイタコになる人は向いていない。そしてもうひとつ大事なのは、「神仏に対して信心が起こらない人はダメ」ということ。そのような条件をクリアする若い人はなかなかいないらしく、弟子入りしてもすぐに辞めてしまう人ばかりだそうです。

さて、そのカナダ人。その人の番になると、「何が始まるんだろう」と見物人の好奇な視線が集まり、あたりがザワザワとし始めました。

大変だったのは、そのやりとりです。当然のことながらカナダ人は英語しかしゃべらない。通訳がいるからそれでも問題ないはずだが、対する老齢のイタコさんは、ほとんど下北半島から出たことのないような人で、話す言葉は非常に訛りの強いもの。だから通訳が、英語と下北弁、二人必要だったようです。

通訳二人を介して、いよいよ口寄せが始まりました。カナダ人は最初、好奇心というか冷やかしの気持ちでいたから、ニヤニヤと笑っていたそうです。余裕の表情を浮かべ、ニヤニヤ、ニヤニヤ。それがそのうちに黙ってしまい、真剣な表情になった。すべてが終わり小屋から出てきたそのカナダ人は、号泣していたようです。

笑っていたはずのカナダ人が泣いて出てきたから、見物人たちはみんな不思議に思って、同席していた通訳に「ちょっと、あの人どうしたの？」と聞いたそうです。

「このおばあさん（イタコのこと）は、死んだ僕のママに違いない」

そうカナダ人は言って泣いていたそうです。

「このおばあさんと今日初めて会ったのに、彼女は僕が生まれた家の間取りを知っていた。その家で、僕とママしかいないときに起こったことも知っていた。あの人は僕のママだ」

…………。

みなさん、シーンとなりましたね。

いいですか。私は、そういう「事実」があったと言っているだけです。この話は何人かの当時の目撃者から聞いたものですから、「事実」は間違いなくあったはずです。でも、このことをどう「解釈」するかは、みなさんの問題です。

帰らぬ父と、母の歌

もう一つ。つい最近聞いた話です。

法事に行ったときのこと。そこには東京で大きな弁護士事務所をやっている男性がいて、たまたま話をしていました。私が恐山から来たというと、「ああ、そうですか。昔、何度かお参りに行ったことがあります」「それはありがたい」「そのときイタコさんにも見てもらってね」と言うから、「はあ、どうでしたか?」と話の流れで聞いてみました。

その弁護士さんのお父さんは、彼が十五歳のときに亡くなったそうです。早くに亡くなってしまったから、父親との縁は薄かったようです。しかもその父親はとんでもない人で、あっちこっちに愛人をつくり、家にはまるで寄りつかず、ほとんど彼と話らしい話をしないうちに死んでしまった。それもあって、一度イタコさんに父親を呼び出してもらって、一体彼がどんな了見で生きていたのかを聞き出したいと思ったそうです。

イタコさんに故人を呼び出してもらうには、その名前と命日が必要です。それを伝えて、オヤジを呼び出してくれとお願いした。それからイタコさんは、ある呪文というか、経典を唱えながら一種の没我、エクスタシー状態みたいになって、それからパッと言葉が普段は出てくるのですが、そのイタコさんはなかなかしゃべってくれない。いくら何でも時間がかかり過ぎでおかしいと思っていたら、突然ポツリと、「あんたのお父さんはうちに帰ってないね」と言ったんだそうです……。

ほら、またシーンとなった。

ちょっと変な気持ちになりますでしょう。何度も申し上げますが、私はそのような「事実」があった、ということをここで言っているに過ぎません。

ついでにもうひとつ。これも聞いた話です。

私がまだ恐山に来る前のことです。やはり大祭の最中でした。ある中年のご婦人が寺務所の受付に来て、「きょうはどうもありがとうございました。おかげで母の声が聞けました」と涙ぐんだまま丁寧に頭を下げて、礼を言いました。こういうことはままありまして、我々にお礼を言って帰る人がいます。そこで「私たちは関係ありません」なんて、余計なことを言う必要はありませんから、「それはようございました。どうしました?」と係の人間が聞いてみたそうです。

そのご婦人曰く、「母は、重度の認知症になって最後は寝たきりでした。娘の私の顔もわからないような状態だったんです」。ところが、そのお母さんが死ぬ直前に、ある歌のある一節だけを、繰り返し繰り返し歌ったのだそうです。その歌というのは、民謡でも昔の唱歌でもなく、年寄りが口ずさみそうにもない、当時のアイドル歌手の歌だったと言うんです。その一節だけを、壊れたレコードのように繰り返し歌って往生した。そのご婦人が供養のために恐山に来て、イタコさんに母親を呼び出してもらった。すると、そのイタコさんがお経を唱えながらいつものようにグオーッと深いところにもぐって、そこからまた浮かび上がって、ババババッと言葉にしたのが、まさに、その歌のその一節――。

ほら、また……。

幽霊の正体

キリがないのでこの辺で止めますが、ことほどさように、イタコさんのインパクトは強い。その上に「霊場恐山」とくれば、そのイメージは決定的なものになります。おどろおどろしい風景とイタコの存在があいまって、みなさんの頭の中に抜き難くしみつくのは、「恐山＝幽霊の出る怖いところ」というイメージ。今回もそのような話を期待している人が少なからずいるでしょう。

それは何もみなさんばかりではありません。世の中の大概の人は、そう思っているのです。

以前、テレビ局からこんな依頼がありました。それは、「イタコに織田信長の霊を降ろしてもらえないか?」というものでした。おそらくバラエティ番組の類でしょう。なぜかというと、「信長が乗り移ったイタコさんの前で芸人に漫才だかコントをさせて、信長を笑わせることができるかやってみたい」という企画だそうです。テレビの人はよくそんなことを考えるなあと変に感心しましたが、もちろん丁重にお断りしました。

ある出版社から「『日本妖怪大百科』を作ろうと思っているのですが、ぜひ恐山を掲載したい……」という依頼を受けたこともあります。もちろん断りました。心霊話ならまだわかるが、なぜ妖怪なのだろうと思ったのですが、どうやら水木しげるの漫画「ゲゲゲの鬼太郎」に、妖怪の病院として恐山が登場するそうです。なるほど、湯治場という恐山の特徴を活かした設定で、水木氏のイマジネーションには感心いたしますが、恐山を心霊現象や妖怪話で切りとろうとすると、その本質を見誤ると思っているので、そのような依頼は全部断るようにしています。

ちなみに私自身も、七年間恐山にいますが、残念なことに、ただの一度も幽霊や妖怪みたいなものを見たことがない。「『見た』という人の話を聞いた」という人には会ったことがありますが、「私は見た」という人にも会ったことがありません。
二、三年ほど前、用事があって宿坊に泊まったことがあります。夜も十一時を過ぎ、寝床にもぐりこんだそのとき、入り口の襖がガタガタッ、ガタガタッとかなりの勢いで揺れだしました。「誰だっ！」と起き上がって襖を開けると、誰もいない。布団に入るとまたガタガタッ。飛び起きる。誰もいない。また布団に入る。これを二時間ぐらい繰り返したことがあります。最後はあきらめて眠りにつきましたが。
白状すると、私はいささか嬉しかったのです。それまで恐山にいながらまだ一度も心霊現象に出会ったことがなかったので。翌朝、そのことを宿坊のスタッフに話しました。

「ついに出た！」

「何がです？」

「何かわからないけれど、何か出た」

「一体どうしたのですか？」

「夜寝ていたら、襖がガタガタッと音を立てて動いたんだ」

ここまで話すと、スタッフは「ああ、またか」と呆れ顔で話しました。

「あのー、院代さん。ここは硫黄のガスがあちこちから噴いていますよね」

「うん」

「するとですね、建物の中でも廊下と部屋の中では気圧が微妙に違うんですよ」

「気圧⁉」

「そう。気圧の違いで動くんです。それがお化けの正体です」

これにて一件落着です。

それでも、恐山にいながらそのような体験がないのもやはり寂しいので、ある日のこと、夜中の十時過ぎに境内の岩場を徘徊したことがあります。もちろんあたりは真っ暗。一時間近く歩き回りましたが、一向にそれらしきものと出会わない。

「やっぱりいないのか」と残念に思ったその翌日、宿坊に泊っていた人たちが騒いでいました。「出た！　出た！」って。何か変だなと思って詳しく聞いてみると、「夜の十時過ぎぐらいに岩場の方で細長い影がうろうろしていた」。

……まずい！　いまさら「それは私だ」とは言えません。しかたないから、「そういうこともあるんですかねえ」なんてしらばっくれてしまいました。いや、ああいう土地柄でこういうことは、くれぐれもしてはいけませんね。

というわけで、私は恐山で「見た」ことは一度もないのです。

ただ、私が見ていないからといって、「ない」とも言い切れません。私はこの世に常識や科学で説明できない不思議な現象が多く存在することを否定しません。先ほど述べたように、「ある」とも「ない」とも断言できません。もしかしたらその不思議な現象を、「心霊」モデルで説明した方が、納得しやすい場合もあるでしょう。しかしお坊さんとしては、「心霊」の実在の有無ではなく、それが人間の生き方にどう関わるのか、それこそが問題だと思っています。心霊が実在するとしたら、それは人間の問題の何を解決するのか、より良い生活を導くのか、他人との関係が豊かに深くなるのか。肝心なのは、そのことなのです。

老夫婦の五月人形

だいたい、霊場恐山が千二百年「幽霊の出るところ」として存続していたというのならば、せめて五年に一度ぐらいはちゃんと出てもらわないと、「営業上」困ってしまいます。恐山に五回来たら一度は見る、あるいは行き交う人の三割は足がないとか、暗がりに人魂が浮いていて周囲は驚くほど明るかった、なんてことがなければ、「恐山＝幽霊の出るところ」とは言えません。「パンダのいる動物園」とうたっているところが、五度来ても一度もパンダに会えなければ、それはもう「パンダのいる動物園」とは言えないのと同じことです。

でも、恐山が霊場として千二百年続いたのは、それが「出るところ」だったからではないのです。それは無理な話です。出るから千二百年続いたわけではない。幽霊が出ようが出まいが、この場所が霊場として千二百年間続いた理由は他にあるはずなんです。入山してからというもの、その理由について私は、さんざん考えました。

あるときのこと、いや、正確な日付を覚えています。二〇〇八年の五月三日のことでした。なぜこんなに詳しく覚えているかというと、私の誕生日が五月二日だからです。だからよく覚えている。五月三日、ゴールデンウイークのど真ん中で、参拝客が全国から集まり、境内は人で溢れていました。

それも午後三時を過ぎると、ご参拝の人も急速に減り、閉山一時間前の午後五時を過ぎるとまばらになって、ほとんどいなくなります。その時間に、七十歳過ぎと思われるご夫婦が大きなダンボールを抱えて入山し、「供養をしたい」と受付を訪ねてきました。午後の供養は二時で終わりです。「申しわけないですね。本日の法要は終わりなので、明日の朝でもよろしいですか」と伝えると、「ああ、それは残念です。明日申し込んでおきますから、よろしくお願いします。これ、お供えなんで置いておきたいんですけれども……」とダンボールをこちらに渡してきました。「それは構いませんが、中身をあらためさせてもらえますか」とお願いして、開封した。出てきたのは、それは見事な五月人形でした。一見して高級なものとわかる立派な兜をかぶっていました。

中には小さな箱もありました。「これもお供えしますか?」と、また中をあらためさせてもらった。私の他に若いお坊さんが二人いたのですが、箱を開けた瞬間、同じタイミングで「アッ」と声を上げそうになったのを飲み込み、「ウッ」と変な声になった。

そこにあったのは一葉の写真でした。男の赤ん坊が裸で写っていました。赤ん坊の鼻には二本のチューブ、口にも三センチほどのチューブがあって、それは脇腹へとつながっている。どう見ても、ご臨終直後の写真でした。

三人とも驚いて声が出ません。

「初孫だったんですけどね……」

旦那さんがたったひとことだけおっしゃった。

その言葉を聞いて私がまず思ったのは、この写真を誰が撮ったのかということでした。赤ん坊のお母さんがその写真を撮れるはずがない。おばあちゃんもとても無理でしょう。ましてや第三者が撮れるものではない。だとしたら、お父さんか、目の前にいるおじいちゃんしかいない。それも明確な意図があって撮った写真ではなく、撮らずにはいられなくて撮った写真だと感じました。

見事な五月人形は、初孫の初節句のために購《あがな》ったプレゼントだったのです。

しかし、その孫はもうこの世にいない。死んでしまってはプレゼントできません。では、なぜ老夫婦は、遠く恐山までこれだけの重い荷物を抱えてやって来たのか――。

この五月人形が、孫そのものだからです。

二十五年以上もお坊さんをしていると、生まれてすぐ、あるいは二、三歳で亡くなってしまった子どもの葬儀をつとめることもあります。そのときに我々お坊さんも参列者も、ひょっとしたら親族も、「せっかくこの世に生をうけたのに……。これからいろいろと楽しいこともあっただろうに、何もできないまま……」と、ちらっとは考えます。

しかしこれは間違いだと私は思う。

子どもというのは、たとえ生まれた直後に死んだとしても、大きな仕事をひとつだけして死んでいくのです。その仕事というのは、一組の男女をお父さんとお母さんにすること。あるいは二組の男女を、おじいさんとおばあさんにすることです。

たとえ死んでしまったとしても、残された家族がその存在を忘れるはずがありません。自分を父親に、そして母親にしてくれたことをありがたく思っているのであれば。あるいは、おじいさんやおばあさんにしてくれたことを嬉しく思っているのであれば、その存在を消せるはずがない。

この老夫婦もそうでしょう。あの立派な兜の五月人形を恐山に供えることで、孫を存在させたいのです。もちろんその姿は目には見えない。触れることもできない。声だって聞こえない。しかし、いる。いる、から持ってくる。そしてこれからもずっと存在させたい。存在させなきゃいけないのです。

死者の遺服

ある年の十月末、閉山間近のことでした。十月も末になると日が短くなり、境内には足場の悪いところもあるので、閉山の時間が繰り上がります。中にはそのことを知らないで来てしまう人もいます。そのときも中年のあるご婦人が、「ご供養したいんですけれども」と、閉山ギリギリになって訪ねてきました。手には茶色の風呂敷包み。

「ご供養の時間は終わってしまいました。間もなく閉山となります」

「じゃあご供養を明日お願いすることにして、これを納めていきたいんですけれども」

「どうぞ。本堂に納める場所がありますので、そちらに行ってください」

午後四時半少し前になって、見回りの係が受付に「本堂の奥でうずくまって動かない人がいる」と言って来た。変だなと思って本堂まで見に行った。そこには先ほどのご婦人がうずくまっていました。具合が悪くなったのかと思って近づいてみると、ただならぬ雰囲気。それ以上は近づけません。

ご婦人は泣いていました。「ウウ……」と声を殺して泣いている。泣いているだけではなく、何か手を動かしている。傍らには先ほど手にしていた風呂敷が広げてあり、そこにはきれいに畳まれた女性物の衣服が積まれていました。それをご婦人は、ひとつ取っては自分の前に持ってきてひろげていました。ひろげてから顔を近づけて泣いている。それからまた畳んで逆側に積んでいった。それを繰り返していました。

その様子を私は少し距離を取って見ていました。おそらくその服は、ご婦人のお母さんのものでしょう。その服を恐山に納めに来た。当初は風呂敷を開かぬままそっと置いて、帰るつもりだったのではないでしょうか。ところが、いざ置いて帰ろうとしたときに、何かを思って包みをほどいた。そこには懐かしい母の衣服がある。それで帰ることができなくなったのでしょう。

恐山にはこのように大量の供物が持ち込まれます。特に多いのが衣類です。背広やワンピース、着物、学生服、ベビー服、さらに靴や草履も。二、三年に一度はウエディングドレスが供えられることもあります。古着ばかりではなく、その一割程度は新品です。定期的に新品を購入して持ってくるのでしょう。幼くして子どもを失った親が、生きていれば十歳、二十歳と、その年齢に合わせて服を買い換えるのです。

さらに印象が強いのは、花嫁人形です。紋付袴姿の花婿人形もありました。ほとんどが特注品で、ひとつ二〜三万円もするそうです。ケースの中には故人の戒名や写真が入っていることもあります。これは、結婚前の息子や娘を亡くした親が、せめてあの世で結婚させたいと願って供えるのです。

あるとき、五十歳ぐらいのご婦人が実に立派な花嫁人形をお供えしていたので、思わず「立派ですねえ」と話しかけると、彼女は「息子がねえ、母さん、俺、二十五までには結婚するからな、と言ってたんですよ。生きていれば、それが今年でね。だから、お嫁さんを連れてきたんです」。

先ほどの五月人形と同じです。

人形や服を供えることで、何とかその亡くなった人を存在させようとしているのです。このことを私は、単純に「悲しみ」「切なさ」「懐かしさ」のような、気持ちや感情の問題として考えることができません。ここには何か、圧倒的なリアリティがある。それが恐山の凄みでもあるのです。

極楽への魂呼び

恐山にある岩場のことを、昔から地獄谷とか賽の河原などと呼び、そこを抜けて湖の方に出ると白砂の浜があり、極楽浜と呼びます。地獄から極楽へ、なんて出来すぎですが、湖を見渡せるとても美しい場所です。

夏の大祭や秋の大祭が近づくと、その砂浜には膨大な数の風車が幅二十メートル、距離百メートルにわたって林立します。なぜ風車が並べられるかというと、もともとは、幼くして亡くなった子どもがあの世で遊ぶことができるように置くのだと言われています。

風車だけではなく、そこには花束もロウソクも線香も立っています。お供え物をした後はみんなで拝みます。それからどうするかというと、湖に向かって、懐かしい人の名前を叫ぶのです。

「お母さーん！」

「お父さーん！」

「タカヒロー！」

湖は恐山の南西側にあり、日はそちらに向かって落ちる。湖の先にはカルデラの外輪山である、大尽山《おおづくしやま》がそびえ、そこに夕陽が沈むとまことにきれいな落日の風景となります。つまり、湖そしてその先の大尽山の方向に、西方極楽浄土がある、というわけです。

そちらの方向に向かって叫ぶ。

一心不乱に「お母さーん、お参りに来たよー！」と呼びかける。

叫んでいるのは、こう言っちゃなんですが、いい年をしたおじさんとおばさんです。そして最後まで叫び、涙ぐんでいるのは、ほとんどが男性です。

私も五十三歳になりましたが、その歳の男が町の歩道橋で「お母さーん！」なんて叫んだら大変です。家で叫んだら、「呼んだ？」って違う人が出てくる。男という生き物はいくつになってもマザコンですが、普段は、「お母さーん！」なんて叫べません。ところが恐山ではそれが許されるのです。中年のおじさんが、恥も外聞もあられもなく、「母ちゃーん！」と叫んでいる。赤信号みんなで渡れば怖くない、ではないですが、ひとりが始めるとみなが一斉に叫び始めるのです。

宇曾利湖畔の「極楽浜」。大尽山が湖面に映る

これを「魂呼び《たまよ》」と言うそうです。

この魂呼び、特に恐山の専売特許ではありません。あるところでは山に向かって、あるところでは谷底や洞窟に向かってやるようです。恐山では、湖に向かって一斉にやる。そうすると、湖にその声が反響して、遠くから聞いていると、とてもこの世のものとは思えない声になるんです。

だけど、そこで叫んでいる人は、大事な人が湖の向こう側で聞き耳立てて待っていると思っているわけではないでしょう。もちろん、そう思っていても構わない。構わないですが、みんなそう信じ切っているわけではないのに、叫ばずにはいられなくなる。

恐山を訪れた人にこの話をすると、みなさん「気持ちはわかります」とおっしゃる。自分がやるかどうかはわからないけど、その気持ちはよくわかる、と。この「気持ちはよくわかる」というところが大事なんです。

魂とは何か

先ほど、霊場恐山は、幽霊が出るから千二百年続いたわけではない、と申し上げました。出るか出ないか、そんなことはどうでもいいことで、それが恐山の存在意義にはならない。

しかしながら、魂というのは別です。これはないと困ります。

この有無に恐山はかかっていると、私は思います。

魂とは何か――。

私に言わせれば、それは人が生きる意味と価値のことです。

大和魂と言えば、日本人として生きる意味と価値のこと。武士の魂と言えば、侍として生きる意味と価値のことです。

これはないと困る。ないと困るのです。困るけれども、その魂というものはそこら辺に転がっているものではありません。道に落ちているわけでもないし、探してもそうそう見つかるものではない。「これが俺の魂だ」と自分で勝手にでっち上げることもできません。

では、どこにあるのか。

魂というものは、一にかかって人との縁で育てるものです。他者との関係の中で育むものでしかないのです。

よくよく考えてみればわかるでしょう。魂というものの最初の種、これを植えてくれる人があるとすれば、母親をおいて他にいないと思います。本当は両親と言いたいところですが。私も父親なので誤解のないように言っておきますが、父親の役割や責任を免除しているわけではありません。客観的に考えて、私は母親だと思うのです。

この世に自分で自分の生きる意味や価値がわかる人間はいません。わかるわけがない。だって、人は皆、何の意味も価値もなく、ただ、ボロッとこの世に生まれてくるだけだからです。

みなさんの中で、生きる意味と理由をわかった上で生まれてきた、という人はいますか？

いるとしたら、私は宗旨を変えてその人についていきますよ。

「あなたは昭和あるいは平成〇〇年に、どこそこにいるだれだれさんを親として、以下のような意味と価値をもってこの世に生を享《う》けますがよろしいですか？」

そう言われて生まれた人はいますか？

いませんよね。

生まれた後にいろんな理屈がつくことはある。神様や仏様に選ばれたとか、そのような話をする人もいますが、全部後付けの話。裏なんか取れやしない。理由だ、目的だと言うのならば、生まれる前にそれを聞いていなければ意味がない。生まれちまったその後の後知恵で、そんなことを聞いても、一切役には立ちません。何の証明もできない。嘘か本当かわからないことを、根拠だの理由だのと言えないでしょう。

我々はただボロッとこの世に生まれてくる。

なおかつ、これほど無力な生き物は他にいません。他の哺乳類は、五、六時間もすれば自分で立ち上がり、母親のおっぱいまで自力でたどり着く。しかし人間は違う。息子を観察してわかりましたが、自力でおっぱいまで行くのに、最低半年はかかります。人によっては十カ月近くかかる。

これほど無意味で無力な生き物が、何とか生きていけるのは、生まれた瞬間に「よくぞ生まれてくれました」と受けとめてくれる人の手があるからです。この手が母親と称する人の手です。あるいは、母親的な人の手なんです。

それなのに、生まれてきたとたんに「知らんぷり」を決められたらどうなりますか。アウトですよ。最近は「ネグレクト」といって実際にそのようなことがあるようですが。本当は最近だけではない。昔は「間引き」という悲しいものがありました。今でも世界のどこかではあるかもしれません。

そのことを考えると、「よくぞ生まれてくれました」と受けとめてもらえる手があるというのは、大変に幸運なことなのです。その幸運を人間は、本能のレベルで知っていると私は思います。自分の息子を見ていても、一週間経つと笑い始めます。こちらが面白いことをひとつも言っていないのに、理由もなく笑みをその顔に浮かべる。冷静に考えると、おかしいことです。そう言うと、「気持ちいいから笑うんだろう」という人がいますが、気持ちよくても、猿や犬は笑いません。そもそも何で人の赤ちゃんは、笑うことのできる筋肉がついた上で生まれるのか。その筋肉を発達させるぐらいだったら、手足の筋肉を鍛えてくれた方が、よっぽど自立の一助となるはずなのに。

赤ちゃんは快感で笑っているんじゃないでしょう。私が思うに、それは赤ちゃんが媚びているからです。「よろしくね」と、親に言っている。かわいいと思ってもらえないと困るんです。ということを遺伝子レベルで知っているから、生まれてすぐに笑うことができるのではないでしょうか。

これは、魂というものを考えたときに非常に大きなことです。

人間は、「あなたが何もできなくても、何も価値がなくても、そこにあなたが今いてくれるだけでうれしい」と誰かに受け止めてもらわない限りは、自分という存在が生きる意味や価値、つまり魂を知ることは、絶対にできません。それは自分ひとりの力では見つけることができないものなのです。

「取引」でこじれる親子関係

もし、誰にも受け止めてもらえず、ダメージを受けてしまったら、その人の人格形成に後々まで大きく響くことになります。

私は修行僧でいるときから、どういうわけかいろんな人の相談を受けることがよくありました。特に最初多かったのは、登校拒否と校内暴力の子どもについての相談でした。それから十年ぐらいすると、今で言う「引きこもり」の少年が増えてきました。さらに、リストカット、拒食症、過食症が増え、最近多いのは、パニック障害の人です。人の前に出ると吐いてしまったり、痙攣《けいれん》したりする、という人の相談を受けることが多くなってきました。

そんな苦しみを抱えている人たちの話を何度も聞いていると、私の少ない経験ではありますが、ある傾向が見えてきます。十のうち八、九割は、親子関係に何らかの歪みがあるのです。ちなみに残りの一、二割は、小学生か中学生のときに経験した猛烈ないじめです。

親子関係がおかしいと思われる人たちのパターンというのは、驚くほど似ています。

何度も聞いているうちにパターンが見えてくると、話の途中で「あなたの家はこういう家庭じゃないですか」と言ってみることもあります。すると、「さすがお坊さん、よくわかりますね。神通力ですか」と言われるけれど、そうじゃない。経験則なんです。

共通するのは、親子関係の基本が「取引」でできている、ということです。

そのパターンAは、母親が愛情という名の圧倒的な支配力で、特に息子を囲い込む。「あなたのことはお母さんが一番よくわかってるの。お母さんの言うとおりにやればいいのよ」というような母親です。母親が先回りしてみんなやってしまうので、息子は楽です。それに甘えたままでいるうちに手遅れになる。思春期になってようやく自分の足腰で立とうとしても、もう遅い。当然、焦る。そして荒れてくる。荒れることさえできないと引きこもる。

このパターンがあまりにも多いのです。こうした家庭の父親は、判で押したように同じタイプで、枯葉のごとく存在感が薄い。子どもに父親のことを聞くと、決まって「あの人」と言う。「あの人には僕のことはわかりません」。

パターンBは、家庭内で独裁者のごとく振る舞う父親と、奴隷のように従う母、というものです。父親が子どもの人生の行き先をすべて決めてしまう。一流企業の幹部や中小企業のオーナー社長、大学教授、医者、警察官、それに住職にもいる。そんな父親は、子どもが自分の敷いたレールから降りることを絶対に許しません。母親はただ心配して、その周りをウロウロするだけ。

このパターンにそのまんま当てはまる、三十歳で重度のアルコール中毒になってしまった人の話を聞いたことがあります。この人は小学生のときにゴルフを覚え、ゴルフ推薦で私立中学・高校・大学まで出た。さあ、いよいよプロゴルファーという段になって、中小企業のオーナーである父親が「許さない」と問答無用で切り捨てた。自分の会社の親会社に無理やり就職させたのですが、入社三カ月でアル中です。以後ずっと三十歳になるまで施設を出たり入ったりの状態だそうです。

いずれのパターンも底にあるのは、「取引」です。

「お父さん、お母さんの言うことを聞くならば愛してあげましょう」という取引の関係になってしまっている。ここが問題なんです。しかもそれは親本人に自覚がない。子どものためを思って、よかれと思ってやっているのです。「お前のためを思って言ってるんだ」。そういう親はみんなそう言います。

ところが関係の基礎に「言うことを聞くなら愛してあげる」が埋まっていると、これはきつい。人間は、生まれてくれば取引することもあります。しかし、取引するために生まれてくるわけではない。物心ついた途端に取引の世界に放り込まれたら、いずれくたびれてしまうのも当然のことです。

あなたがそこにいてくれるだけでうれしい

このようなケースは、どうやら若い人だけに見られる傾向ではない、ということが最近わかってきました。

以前、私のところに六十五歳の女性が某県から訪ねてきました。「先生の御著書はすべて拝読しています」と言うから、まともじゃないと思いましたね。でも、見た感じは上品で、とてもきれいな人です。白いブラウスにピンクのパラソル、どう見ても四十五歳ぐらいにしか見えない。

若い人と違って、中高年が厄介なのは、なかなか本音を話さないことです。のらりくらりと、「仏教の真理とは何ですか」とか、「あなたの本のここはどういう意味ですか」と聞いてくる。本当に聞きたいことはそんなことじゃない。でも、それをなかなか言わない。一、二時間では済まないと覚悟して、じっくり話を聞きました。

やがて、ようやく自分のことを話し始めました。その女性は、突発性難聴で苦しんでいるそうです。耳鼻科や脳神経科に行っても何の異常も見つからず、原因はどうやら精神的なもの、心因性のものだと医者に言われたそうです。

話はここからです。原因となるものは何か、それを知ろうと三時間。ついにその女性は本当に言いたかったことを語りました。

この女性はさる名家の生まれ。お父さんは非の打ちどころのない完璧な人で、容姿端麗、頭脳明晰、人格円満、地域の尊敬を一身に集めるような名士だったと言います。彼女は三人きょうだいの長女で、小学校に上がるか上がらないかの頃に、良妻賢母の誉れが高かったお母さんが病に倒れて亡くなってしまった。父親は再婚せず、その代わり長女である彼女を徹底的に「主婦」として仕込んだと言います。炊事洗濯掃除など、家事全般を彼女にたたき込んだ。お父さんの期待にこたえるために、彼女も全力でがんばって、中学に入る頃には、お手伝いさんに指示を出すほど、家庭内のことをすべて仕切っていたと言います。

高校を出て地元の短大に通った。卒業する頃になって、その完璧な父親が婿を連れてきた。もちろんその人と結婚。結婚しても父から離れず、自分の家庭と父親の両方の面倒を見た。それから三十年必死でがんばった。

ところが三十年経った頃、父親がアルツハイマー病になってしまった。日に日に崩れゆく人格と記憶。あれだけ頭脳明晰で完璧な人だったのに……。しかし彼女は父親を施設に預けるなんてことはできません。そんなことをすれば、自分の半生を全否定することになるから、当然自分でアルツハイマーの父親の面倒を見る。さらに熱を入れて世話をする。そしてまた十年経ち、とうとう父親が亡くなってしまった。それからしばらくして、突発性難聴になった、というわけなんです。

ここまで全部話をしてもらって、最後に私はこう言ったんです。

「そうすると奥さん、今日はこの寺までお父さんを探しに来たんですか」

するとそのご婦人は、ウワーッと机に突っ伏して泣き始めました。身をもむようにして泣く、というのを私は初めて見ました。十分ぐらい手がつけられませんでした。ようやく落ち着いて、「どうもお見苦しいところをお見せしました。ご住職が私より年寄りだったら、もっとよかったのに」と、こう言った。

この女性は実感として、「あなたはあなたとしてそこにいてくれるだけでいい」と言われた記憶と体験がなかったのでしょう。だから泣いている最中ずっと一つのことしか言わない。

「何で私ばかり」

「何で私ばかり」

それに続く言葉が何かわかりますか。

「何で私ばかり、甘えることができなかったのか。何で私ばかり、子ども時代がないのか」ですよ。

つまり、人が生きている意味と価値を見失ったまま、彼女はしゃかりきに頑張ってきた。その蓄積したダメージ、失われたままのものが、五十年経って、身体に症状となって出てきたのでしょう。

人は死んだらどこへゆく

このようなケースは彼女だけではないと私は思います。七十歳、ひょっとすると八十歳を超えた人でも、同様の苦しさに悩んでいる人がいるはずです。

「あなたがそこにいてくれるだけでうれしい」

そう言ってもらえることが、とても大事なことなのです。

このセリフは、親に言ってもらえなかったら、社会に出た後に取引抜きで言ってくれる人はいませんよ。夫婦にしても一皮むけば取引ですから。もし友達でも何でも、赤の他人が「あなたがそこにいてくれるだけで私は本当にうれしいんだ」と本心から言ってくれたとしたら、これは宝です。命を賭けて守るべきものです。金なんぞ問題じゃない。そんな人がもし五人もいれば、人生納得して死ぬべきですよ。そんな人はなかなかいません。あるとしたら、とても苦しい時間と経験を分け合った人だけでしょう。状態が上向きで追い風のときの友だちなんて、条件が変わればあっさりと裏切ります。苦しくて切ないときに隣にいてくれた人というのは、大事にすべきです。

修行僧時代、出家してしばらくした頃、ある老僧に仕えていたことがあります。その老僧は数年前、九十歳過ぎて遷化《せんげ》（高僧の死去のこと）しましたが。

あるとき部屋に掃除に行き、終わって「下がらせていただきます」と頭を下げると、老師が訊いてきました。「おい、おまえ」「はい」「おまえは人が死んだらどこへ行くか知っているか」と唐突に訊いてきました。「そんなことは知りませんよ」と答えると、「ほう、おまえは坊主になってもう何年にもなるのに、そんなこともわからんでやっとるのか」「老師はわかるんですか」「わしはわかる」と言うから、「へえ、人間歳をとると半分死んだ国に行くんですか」と軽口を叩いたら、「おまえは、そういうことを言うから修行が進まないんだ！」と滅法怒られました。

「すみません。それはぜひ聞きたい話なんで教えてください」とお願いすると、

「じゃあ教えてやろう。よく聞いてろ」

「はい」

「人が死ぬとな、」

「はい」

「その人が愛したもののところへ行く」

老師はそう言いました。

「人が人を愛したんだったら、その愛した者のところへ行く。仕事を愛したんだったら、その仕事の中に入っていくんだ。だから、人は思い出そうと意識しなくても、死んだ人のことを思い出すだろう。入っていくからだ」

さらに、

「愛することを知らない人間は気の毒だな。死んでも行き場所がない」

と続けました。

私は当時生意気でならしていた修行僧で、上の言うことなんかほとんど聞きませんでしたが、このときの老師の言葉には素直にうなずきました。その通りだと思った。「魂を育ててくれる」というのは、つまり、そういうことなんです。

また会いに来るからね

私が恐山に入山した翌年、ある友人がわざわざ恐山まで訪ねてきてくれました。その人と恐山の岩場を共に歩きました。そこには、参拝客が作った簡単な「お墓」が草葉の陰のあちこちにあるんです。二十センチほどの石板に戒名や名前を彫り、そこに立てて、石を積み、お供え物を置いていく。その一帯はまるで墓地のようになっています。中にはセメントを持ち込んで、「お墓」を固定しようと基礎工事を始める人までいます。

これは本来、ダメなんです。境内を管理する立場の人間からすると、決して認められない。ただ、むやみに撤去することもできない。

今年は、小さなお地蔵さんに手作りのTシャツを着せて、ベビー靴やおもちゃを傍らに置いてあるのを見ました。その前でうら若い女性がしゃがみこんで拝んでいるのを見ていると、とてもじゃないけどすぐに撤去しようという気にはなりません。そう思っているうちにどんどんお墓やお供え物が増えてきます。

その友人と歩いているとき、「南さん、あれ」と彼が指を差した。その先には、「もう一度会いたい　声が聞きたい」とマジックで書かれた細長い石がありました。それが五年前のことです。

去年のことでした。大雨が降り、参道が崩れてはまずいと、境内を見回りに行ったときのことです。例の「墓地」の一画に、新しく置かれたと思われる石がありました。そこにもまた文字が書いてあったのです。

「ゆうくん　また会いに来るからね」

これなんです。

これが恐山なのです。

先ほど申し上げたように、恐山で重要なのは、幽霊が出るか出ないかということではない。そんなことはどうでもいい。幽霊なんぞいてもいなくても、恐山はビクともしない。

けれど、「もう一度会いたい　声が聞きたい」や「また会いに来るからね」という声が聞こえなくなってしまったら、恐山はおしまいです。

霊場恐山は千二百年の間、「もう一度会いたい　声が聞きたい」「また会いに来るからね」という死者への想いによって支えられてきたのです。その想いが地層のように積み重なり、それが形になった場所が恐山なのです。

恐山はパワーレス・スポット

最近、パワースポットという言葉をよく聞きます。スピリチュアル・ブームからの派生品だと思うのですが、その土地に宿るとされる「霊力」めいたものが、人の運気を上げたり、願い事を叶えたりするという、「聖地」と称される場所のことです。

ある新聞に、このパワースポット・ブームを取り上げた記事が掲載されていました。「あなたがパワースポットだと思うところはどこですか?」というアンケートがあって、一位は伊勢神宮。堂々の二位が恐山でした。

その記事が出た直後、某放送局から電話がかかってきました。「若者の宗教意識を考える番組をつくりたいんですが、パワースポットってどう思いますか。恐山は日本有数のパワースポットだと思いますか」という内容の電話インタビューでした。

あまりそのようなブームに加担するのはどうかと思ったのですが、思うところがあったのでこう答えました。

「パワースポットと呼ばれる場所は、そこに何かありがたいもの、超自然的なもの、人知で計りがたいものがあって、そこから不思議なパワーが発散される場所のことでしょう。だからそこに行けば、元気をもらえたり、癒されたり、何かご利益を得ることができると信じられ、それを求めて人が集まる。

そのような場所がパワースポットだというのならば、恐山は真逆でございます。恐山が霊場であるのは、パワーがあるからではないんです。力も意味も『ない』から霊場なんです。つまり恐山は、『パワーレス・スポット』なのです。

あえて言うと、風呂の底の栓を抜いたら水が吸い込まれていくような、マイナスのパワーがそこに『ある』と言えるかもしれない。恐山は、何か石や井戸からパワーをもらえるという、他のパワースポットとは在り方が違う。そういうところではない。

私たちの生きる社会は意味と秩序でできあがっています。損得、利害、善悪、取引、競争、愛憎……。そのような意味と秩序の網目の中で暮すのが、この『現世』というものです。

パワースポットと呼ばれる場所に集まる人というのは、激烈な現世の中で、元気が欲しいとか癒されたいとか、いい運を授かりたいとか思う人でしょう。それは大変結構なことだと思います。それを否定するつもりもありません。

しかし、人間そのことだけでは決して生きられません。つまり、世間あるいは日常生活に役立つもの、意味のあるもの、それだけを抱えて人は存在しているわけではないと私は思っています。

大事なのはもう一つ、生活には全く役に立たないが、あるいは有害でさえあるけれども、人間が存在するためには決定的な意味を持つものが一つだけある。

それは何か。

死です。

それは我々の日常生活において、全く役に立たない。生きる元気は断ち切るし、癒すことを無意味にするし、運なんざ最初から無視してかかる。それが死というものです。

しかしながら、その日常と世間においては全くもって意味がない、もっと言えばそれを破壊してしまうものだからこそ、死は、我々が存在するということにおいて決定的な意味を持つのです。そこには生を圧倒するリアリティと強度がある。

このことをどう考えればいいのか。

その意味を考え、死と向き合ってしまった人間の感情や想いをどうすればいいのか。

その感情なり想いを、放出する場所が必要です。そのためには、その場所にすでに何かが入っていてはいけません。つまり、パワースポットではダメなんです。

そこには何もない方がいい。意味も価値も秩序も何もない方がいい。だからこそ、そこに向かって死を放出できる。何もないから、人は思いのままのものを自由に入れられるのです。そして、それによって立ち現れるのが、霊場という場所なのです。

それが恐山を『パワースポット』ではなく、『パワーレス・スポット』だと考える理由なのです」

魂の行方を決める場所

最後に、恐山で出会った、特に強く印象に残っているご夫婦の話をしましょう。

ともに五十代と思われるご夫婦でした。あるとき訪ねてきて、宿坊に泊っていきました。その日は泊まりの客も少なく、そのご夫婦以外は若い男性だけでした。夕食後、いつものように法話をしました。「死んだ人を想う人々の気持ちが、恐山ではどのように形になって現れるのか」という話をした記憶があります。

翌日になっても、そのご夫婦は一向に帰ろうとしませんでした。どうしたのかと聞いてみたら、「イタコさんに会えなかった」と言う。「明後日は土曜日なので来るはずだ」と伝えたら、「それならばもう二泊します」と。それでなんとはなしに「どうなさったんですか?」と聞いてみると、こう言うんですね。

「昨日あなたの法話を聞いて思ったんです。イタコさんが霊を呼ぶという話。事実として、そのような不思議なことがあり得ると思ってもいい。ただ、死後の世界や霊魂があるかないかということに関しては結論を出すべきではない、というあなたの話はよくわかりました。頭ではよくわかったのですが、それでもどうにもならない気持ちというのがある」

これは何かあるなと思って、「どういうことですか?」と尋ねると、ポツリポツリとご夫婦が恐山を訪ねてきた理由について話し始めました。

三年前、ご夫婦とその長男の三人で出かける用事があり、三人で玄関を出て、ご夫婦が玄関の鍵を閉めたりなんかしているときに、息子さんだけが門の外へパッと出た。その途端、暴走してきた車にバーンとはねられて死んでしまったそうなんです。

奥さんが言うには、自分ももちろん大きなショックを受けて途方にくれたけど、ご主人はその後強度のうつ状態になって、家から一歩も出られなくなってしまったそうです。ようやく三年の月日が経ち、少しは心持ちも変わってきたようだから、奥さんが「じゃあ、恐山まで息子に会いに行こう」と提案して、やっとの思いで今日ここに連れてきたと言うんです。さらに「和尚さん、私らみたいなものには何もわからないのですが、死んだ者をいつまでも想ったり悲しんだりしていると、それが邪魔になって死者が成仏できないというのは本当でしょうか？」と尋ねてきました。

しばらく言葉が出てきませんでした。答えに窮していると、旦那さんが、「あなたの話は全くもってもっともだが、私はとにかく息子に会って、何で死んでしまったのか、それだけが聞きたい」と訴えてきたのです。

なぜ死んでしまったのか。その理由が聞きたい――。

冷静に考えれば、そこに理由などありません。門を出たところで、暴走した車に轢かれてしまった。酷ですが、それだけです。理不尽な死です。それはわかり切ったことです。

ところが旦那さんが言いたいのは、そういうことではない。そうじゃないんですよ。なぜあのとき、あの場所で、他の誰でもなくて、自分の息子が突然死ななきゃならなかったのか。なぜ私たちから息子が突然奪われなければならなかったのか。それを知りたい。

でも、それは絶対わからないことです。

私は声が出なかった。慰めの言葉も見つかりませんでした。

翌々日、午後一時ぐらいになって、宿坊のロビーでそのご夫婦と会いました。

「いかがでしたか、イタコさんには会えましたか？」と聞くと、旦那さんは前日とはうって変わって、幾分目が輝いているというか、目に生気が戻っていまして、「ああ、どうも本当にお世話になりました」と言った。

「イタコさん、どうでした？」

「イタコさんにはありがたい言葉をかけていただきました」

何度か同じ質問を繰り返したのですが、旦那さんは「ありがたい言葉をいただきました」と、それしか言わなかった。

最後になってようやく、「だけどね、あなた、私はここに四日いて、もうちょっといたくなりました」と言った。

「もうちょっといて、修行のまねごとか何かをさせていただいて、ここで息子のことを考える時間が欲しいと思いました」

旦那さんは最後まで、イタコさんが何を言ったかについて、ひとことも私に言わなかった。

しかし、彼はここ恐山で何かをおろしていったに違いないんです。死んだ自分の息子の幾分でも、何かをおろしたに違いない。それができる場所は、霊場恐山をおいて他にはありません。

このことこそが、恐山が千二百年続く霊場である、最大の理由です。

恐山というのは、魂の行方を決める場所なんです。

死者への想いを預ける場所なのです。

私は、それが恐山の霊場としての最大の意味であり、そのことが少しでもみなさんに伝われば、住職代理として、ありがたいと思っています。

第二章　永平寺から恐山へ

二十年の修行生活

ここまで、恐山という場所について、院代（住職代理）として七年あまり過ごした経験をふまえて、お話をしました。ここからは、恐山の中で私が僧侶として自分なりに考えてきたことを、いくつかお話したいと思います。

ですが、その前に、私がそもそもなぜ恐山に入山することになったのか、そのあたりの事情をひととおりお話することにいたします。

恐山に来る前まで、私は福井にある曹洞宗の大本山・永平寺で修行生活を送っていました。出家得度したのは一九八四年のことですから、それから約二十年を永平寺で過ごしたことになります。

よく、永平寺に二十年いたと言うと、「それは大変だったでしょう」と同情されることもあるのですが、そんなことはありません。ある意味、あんなに楽で居心地の良い場所はないのです。

　もちろん新入りのときは大変です。右も左もわからないまま先輩の修行僧から厳しい「指導」を受け、長時間にわたる坐禅で肉体的な負担も相当なものです。しかし数年もすればそれにも慣れてきて、次第に居心地が良くなってくるのです。とにかく生活がきっちりとパターン化されているので、一度そのルールが身体にしみこめば、余計なことを考える必要もなくなります。どんな社会でも、たいていの悩みの種は競争と取引から生まれますが、永平寺ではそれがないのですから、思い煩うこともありません。

　私の師匠になってくれた人が、永平寺に出発する前の晩、自室に私を呼んで、こうアドバイスしてくれました。

「お前、あらかじめひとつだけ言っておくから忘れるな」

「はい。何でしょうか?」

「永平寺に行けばな、お前なら三カ月もすれば、そこがどんなところかわかっちまうだろうな」

　私は予想もしていなかったことを言われて驚きました。

「いくら何でもそんなはずはないでしょう」

「いいから、黙って聞いてろ」

「…………」

「とにかく、お前はわかる。するとお前のことだから、絶対何か言いたくなってくる」

「…………」

「だけど、決して何も言うな。三年と言いたいところだが、二年でいい。黙って修行しろ。それから言いたいことを言え。二年黙って修行した奴の言い分には、必ずどこか何らかの道理があるし、それを聞く耳のある者が出てくるはずだ」

そう言われて面食らいましたが、実際に入門してしばらくすると、そこがどのような場所なのか、おぼろげながらわかってきました。もちろん仏法についてわかったわけではありません。ただ、永平寺のシステムがどのようなものかについては、師匠の言うように何となくこんなものかと了解できたのです。

永平寺で死にたかった

入門当時、私は永平寺に骨を埋めるつもりでいました。一生ここで修行して、永平寺の畳の上で死ねればいいなと思っていたのです。

それが入門から五年も経つと、どうやら現状のシステムでは、永平寺で一生を終えることはとても難しいということがわかってきたのです。それでも何とかここで死ねる道はないか、いろいろと模索してみました。

ところが十年経った時点で、これはダメだとあきらめたのです。それからというもの、いずれここを出なきゃいけない、それも誰にも迷惑をかけることなくきれいに出なきゃいけない、というふうに考え方を切り替えました。

永平寺に一生いられない、というのは僧堂のシステムという外部的な問題だけではなくて、自分自身の問題でもあります。

というのも私、居心地が良くなってくるとだんだん不安になってくるのです。馴れによる堕落というか、やっていることがどんどんリアルに感じられなくなってしまうのです。パターン化した生活というのは、余計なことを考えなくて済むので確かに楽です。しかしそれを続けているうちに、ものの考え方が徐々に固まってくることに自分でも気づき始めます。そこに安住してしまうと、途端に不安になり、堕落したと感じてしまうのです。

永平寺の中にいる限り、全てをそこの物差しにあてはめて考えれば、たいていのことは済んでしまいます。「正しい／正しくない」について、ほとんど自分の頭で考えるまでもなく、永平寺のルールに沿って答えを出せばいい。

例えば、対人関係。僧堂内の対人関係は、完全なる縦社会ですからそれに従うだけでいい。そこに迷いは生じません。僧堂外での対人関係にしても、「私は修行僧ですから」のひとことで、永平寺の囲いの中に引っ込んでしまえば、面倒な関係も断ち切ることができます。永平寺内に身を置き、そこのルールに従ってさえいれば、余計な気苦労をすることもないのです。

それに慣れてくると、どうなるのか。

私の場合、自分の言葉がどんどん芝居がかってきて、舞台の台詞のように聞こえてきてしまうのです。また、その頃から雑誌などに寄稿する機会を得ましたが、書いたものや話したことに対して、「本当にお前自身はそう思っているのか。その考えは甘くないか」という内なる声が常に問いかけてくるようになりました。それが先ほど申し上げた、リアルではない、ということです。

だから、永平寺で死にたい、というのも本心。早くここを出なきゃいけない、というのも本心。それが入門して十年目の頃の心境で、それはとても不安定な状態だったのです。

修行道場の「ダースベイダー」

そもそも永平寺に十年いるというのも、かなり珍しいことなのです。たいていの修行僧は二、三年で山を下りてしまいます。彼らの大半は寺の後継者で、山を下りてどうするかというと、それぞれたいていは父親が住職をしている寺に戻り、その寺の副住職か何かに就く。つまり、永平寺での修行は、将来住職になるためのプロセスなのです。

五年いれば長い方、十年、二十年選手はほとんどいません。一生ここで修行僧としていたい、という私のような人間は、非常に珍しい存在でした。

しかし私は在家出身で完全な外様ですから、永平寺を出ても戻る寺はありません。また、どこかの寺に〝空き〟を見つけて、早々と住職に収まろうという気持ちも、当時はさらさらありませんでした。

それで気づけば十年の古参。周囲の言動から「あいつをそろそろ山から下ろせ」というムードが感じられましたが、気になりませんでした。

永平寺では、ある程度修行の年数が長くなると、途中で契約関係に変えてしまいます。修行僧から指導者にして、役職がついてしまうのです。一介の修行僧のままだったら、師匠が許し、自分の意志が続く限り、建前としてはそこに居続けることができます。しかし指導者になると、今度は永平寺と契約関係が生じてきます。そこで真面目にやっていれば、契約は更新される。このあたりは企業とおなじようなものです。それなりに有能で、生活も破綻していない、ボロも出さない、ということであれば、簡単にクビは切られません。しかし、山内のポストも有限なので、何人もそのような立場の人間を置いておくことはできません。

だからよく言われました。

「お前は一度山を下りろ」と。

実際にそういう人もいました。十五年ほどいてから一度山を下り、また入山する。それを再安居《あんご》というのですが、末端の新入りからやり直します。再安居後に新しく「先輩」となる人間は、それまで「後輩」としてその人にしごかれていたのですから、いくら「新人です」といわれても、「指導」なんてできやしません。鉄壁であったはずの上下関係がギクシャクして、非常にやりにくくなります。

実際私も、後輩たちからは恐れられていたようです。

それもそのはず。早く修行を終えて下山したいと思っている人間が大半のところに、「永平寺で死にたい」と五年、十年居続けている。しかも修行について要求が厳格で、それができない後輩たちには峻烈を極める指導をしましたから。四年が経った頃には、永平寺の「過激派」「原理主義者」と呼ばれるようにまでなっていました。

坐禅に励み、道元禅師のテキストを読み込む。任務に妥協しない。そうこうしているうちに、とうとう、「永平寺のダースベイダー」という、ありがたくないあだ名までつけられてしまったのです。

ただ、私は周りからどう思われようと、そんなことはどうでもよかったのです。

自分の抱えた問題を解決するすべがあるのかどうか――、そのことだけを思って出家し永平寺に入ったわけですから、それを試し切るまではここを出られないと思っていました。

とにかく私は、自分の抱えている問題を明確に言語化したかったのです。すべてを言語化することができないのはわかっていましたが、でき得る限り言葉にしてみたい。言語化して、同じような問題を抱えている人に投げ掛けてみたい。あるいは、そのような言葉に出会ってみたいと、常日頃から思っていました。

それが私の修行における最大のテーマです。

よく禅は理屈でなくて体験だ、という人がいますが、私の考えは違います。禅の、というよりも、仏教の核心的な問題は、言語と体験の間にあります。そもそも、体験は言語化されて初めて「体験」として意味を持ちます。この言語化の過程に起こる人間の錯覚を見極めることにこそ、仏教の決定的に重要なテーマのひとつがあると考えています。

入門から三年が経ち、ようやく自由に本が読めるようになった頃から、私は自分の考えを少しずつまとめはじめました。思えばかなり集中的に本を読み、ノートに考えたことを書きつけていきました。後の著作の原型、パラダイムになる言葉や構想は、すべてこのノートにあります。

そのうち雑誌などのメディアに寄稿する機会も増え、永平寺にいる間に著作を二冊上梓することもできました（『語る禅僧』『日常生活のなかの禅』）。

しかしそれでも、「このまま永平寺に居続けては、俺はダメになるのではないか」という疑念を振り払うことができませんでした。このまま永平寺にいながら、もっと密度の濃い言葉を吸収・蓄積・放出できるかどうか、入門から十年経って、それがわからなくなってしまったのです。

人の思想というのは、生活つまり生き方のスタンスを変えない限り変わりません。そのためには私も、思い切ってこの居心地の良い環境から飛び出さなければいけない、そうでもしなければ、新たな言葉や強度のある思想が湧いてこない。そのように考えるようになったのです。

下山の決意、恐山との縁

やがて入門から十五年以上が過ぎました。その間も、山を下りる良い機会がないか探っていましたが、なかなか良いタイミングが見つかりませんでした。

しかし、ちょうど二〇〇二年に道元禅師の七百五十回忌があることを知り、これを一区切りとして、二〇〇三年に山を下りようと腹を決めました。

その決断をさらに後押ししたのが、ある女性との出会いでした。後に結婚した人で、彼女が恐山山主の娘だったのです。

人を介して彼女を紹介されたのですが、最初にその話が持ち出されたのは、下山を決意する八年前のことです。当初その気はまったくありませんでした。当時私は今住職をしている寺（福井県霊泉寺）に入ったばかりで、永平寺とその寺のことで頭は一杯でした。

だから、断ったはずなのですが、それでも彼女はその後八年間、ずっと私のことを待っていてくれたのです。

未熟な一介の僧侶にそうまで気持ちを傾けてくれるとは、ありがたいなあと、つくづく思いました。また、彼女が背負っているものはとても重いはずだと感じていたので、私にできることならば少しでも手伝ってあげたいと思いました。そこで、ちょうど七百五十回忌という節目を迎えることもあり、下山することに決めたのです。この縁が私と恐山をつないだことになります。

それまでは、恐山がどのような場所なのか、一般的な知識しか持っておらず、よもや私がそこに身を置くとは夢にも思っていませんでした。

恐山を管轄しているのが曹洞宗だ、ということを知ったのも、入門して二年目のときのことです。そのときの驚き。あの歴史ある霊場が、思いがけなく自分が修行している大本山と同じ宗派だと知ったときの衝撃を今でも覚えています。

それもそのはずでしょう。年若い修行僧が二百人近く、朝から晩まで坐禅だ、掃除だ、お経だなんてやっているその修行道場と同じ宗派に、イタコで有名な霊場があるとは思うわけがありません。

永平寺と恐山

日本仏教における、永平寺と恐山の立ち位置は、対極にあるものです。そのギャップというか、異質性は極端なものです。

かたや道元禅の根拠地、只管打坐《しかんたざ》の修行道場。こなた千二百年続く霊場、死者供養の中心地。

それが同じ宗派であることの不思議。そのギャップは日本仏教の幅の広さを示す、と言えば聞こえはいいのですが、あまりにも節操がない、と言えなくもない。ただ、それだけ今の曹洞宗が、初期の頃とは違う性格の組織になっている、ということは言えると思います。

大昔、そもそも恐山という場所は湯治場として地元に知られていた、と言われています。また、由緒には、慈覚大師・円仁によって平安時代の貞観四年（八六二）に開闢《かいびゃく》された、とあります。唐で修行した円仁が、その最中に見た夢を頼りに、帰国後、東北を巡錫弘教《じゅんしゃくぐきょう》する過程で、下北半島にたどり着く。そして釜臥山《かまぶせやま》に登り、宇曾利湖畔に滞在して、そこに地蔵尊を置き草創されたのが恐山、というわけです。

しかしおそらくこれは、全国各地のどのお寺にもあるような、後世に付会された話でしょう。実際に円仁が恐山まで来たのかどうか、本当のところはわかりません。ただ、円仁というのは天台宗の三代目座主であり、天台宗は古くから修験道と結びついていました。修験道は山岳信仰が盛んでしたから、そのこともあって長らく恐山は天台宗の影響下にあったようです。

それが十五世紀、地元の争いに巻き込まれ、寺は破却、その後百年近く荒廃していたそうです。それが大永二年（一五二二）、下総《しもうさ》にいた曹洞宗の僧侶が、麓の田名部《たなぶ》、現在のむつ市に円通寺を開き、続いて享禄三年（一五三〇）、恐山を再興、菩提寺を建立して以来、曹洞宗が管理するようになったと伝えられています。

由緒はそのようなものです。すべてを鵜呑みにはできないと思いますが、もともと恐山には山岳修験の人間が数多くいたというのは確かでしょう。今でも麓の町のお祭りでは、密教の法具を持って踊っている人がいて、驚いたことがありますから。天台系なのか真言系なのかわかりませんが、恐山には、山岳修験の痕跡が間違いなくあります。

おそらく最初恐山は、神仏の加護や病気平癒などといった現世利益を祈る場所であったのだと思います。それが現在のように死者供養の霊場として知られるようになったのは、それより後のことでしょう。

いずれにしても大事なのは、恐山があくまで器であることです。

そこに統一的な仏教の教義を入れ込んでも意味がありません。天台修験の人々が山に入って、全国的に知られるようになってから、慈覚大師・円仁に仮託して縁起をこしらえた。もちろんそれは本当のことかもしれません。ただ、だからといって慈覚大師が、天台密教を恐山と結びつけて、大規模に展開したかというと、そうではないでしょう。

それは曹洞宗でも同じことです。曹洞宗が恐山を管理するようになったのは、早く見積もっても十六世紀からのことです。そして、管理するといっても、そこに道元禅師の教義が浸透したわけではありません。恐山のどこを探しても、道元禅師の言う「只管打坐」は見つかりません。

恐山というのはあくまで器なのです。それは火口にできた土地である。きれいな湖があって温泉が出る。そこにはこの世とは思えない異様な風景が広がっている——。

その風景に魅かれて、やがて多くの人が集まってきた。それから何か信仰のようなものが芽生えた、と考えるのが自然でしょう。

恐山にある信仰というのは、特定の教義では決して割り切れるものではないのです。極端に言えば、拝む神仏の種類は何でもいいのです。実際恐山には、地蔵菩薩もいれば、阿弥陀仏も不動明王も観音も薬師もいます。円空仏まであって、仏像のワンダーランド状態です。

だからこそ恐山は、これだけ多くの人を分け隔てなく集めることに成功したのでしょう。そして現世利益、死者供養の場所として発展していった。生活の安楽を願い、死者を想う。それが叶えば、そこを守る神様仏様が何であるかは問わない。

そういった意味でも、前章で申し上げたように恐山は「パワーレス・スポット」なんです。もともとそこに何かが「ある」わけではない。あくまで器なのです。ましてや、恐山の信仰にまつわるもので、仏教やお坊さんに強制されて生き残ったものはひとつもないのです。

はじめての恐山

私がはじめて恐山を訪れたのは、一九九〇年代の半ばの頃でした。故・宮崎奕保《えきほ》猊下《げいか》が永平寺の貫首になられた、その翌年か翌々年のことです。猊下が恐山の法要に行くので、それを手伝えと命じられ同行いたしました。そのときの恐山の院代が、私の永平寺の同期だったという縁もありました。妻に初めて会ったのもこのときのことです。

「なるほど、こういうところがあるのか」

凡庸ですが、それが恐山に初めて足を踏み入れたときの感想であり、話で聞いていた以上に強烈なインパクトがある場所だったのを覚えています。

先ほど、私が仏道を志したのは、自分が抱えてきた問題を解決するすべを見つけるためだ、と申し上げました。

その問題をひとことで言えば、〝死〟です。

これはあちこちで言ったり書いたりしていることですが、私は小さい頃から、生きるということより、「死とは何か」というテーマが、問題の中心にあったのです。それを抱えたまま大学を出て社会人になったのですが、世俗にとどまったままではその問題をいかんともしがたく、とうとう出家してしまったわけです。

永平寺で坐禅に打ち込み、ブッダや道元禅師の残した言葉についてあれこれ考えていたのも、結局のところ、「死とは何か」という問題意識が根底にあったからであり、それが私を支えていたといっても過言ではありません。

ですがそれは、「霊魂」とか「霊場」とか「死後の世界」などとは、まるで次元の違う話でした。私は死後に人間がどうなるのか、死後にどこにいくのか、などということには、まったく無関心でした。私の問題は「死」それ自体だったのです。

ですから、死者供養の中心地である恐山には、それまでまるで関心がなかったのです。にもかかわらず、実際に来てみると、衝撃に近い強烈な印象がある。あるにはあるが、では恐山というところがどのようなテーマに貫かれているかというと、わからない。ただただ異様な雰囲気に圧倒されるばかりで、そんなことを考える余裕がなかったのかもしれません。

その雰囲気を身体に感じて、どこか私のテーマと関係がありそうだなという直感はありましたが、そのつながりがはっきりとは見えませんでした。

「恐山という場所は、わけのわからないところだな」という第一印象。しかし、どこか自分とつながりのありそうな場所という感じだけはする。そのようなとても矛盾に満ちた感覚でした。ひとことでいうと、「嫌な感じ」、でしょうか。しかし、その嫌な感じというのも、何だか悪くないなと思ったのもまた事実です。

それがはじめて恐山に足を踏み入れたときのことです。後年、正式に入山してからその嫌な感じと本格的に向き合うことになりますが、それは次章で詳しくお話ししたいと思います。

梁山泊サンガ結成

実は、永平寺を下りてすぐに恐山に向かったわけではありません。
妻との結婚が決まる前に、ひとつ魅力的な話が舞い込んできて、私はそれに飛びつきました。

それは「修行道場を作らないか」という、願ってもない話でした。先にも述べたように、現在の永平寺をはじめとする宗門の僧堂、修行道場には、お坊さんの職業訓練センターのような側面が少なからずある。私のように在家出身で、とにかく修行がしたい、と考える人間にとっては、長くいられるような環境ではありません。修行の意義を問いながら、仏教について学ぶことができる理想的な環境をつくることができないか、常日頃から思案していました。

そんなとき、東京のあるお寺から「これから新しい形の修行道場を作りたいと思っている。場所を提供するので、そこの指導者にならないか」という魅力的な話をいただいたのです。

そこはもともと「獅子吼林《ししくりん》」と呼ばれていた学林で、宗門の教育機関として有名な場所でした。それを再興するべく、出家在家を問わず、仏教を学びたいと考える人間が集まる場所としてスタートさせたい、という話でした。「そのような場所がないか」とずっと考えていた人間にはうってつけのものです。渡りに船とばかりに、「ぜひお願いします」と即断したのです。

その話が山を下りる直前にあり、恐山に行くまでの二年間、そこで指導者をしていました。すでに結婚も決まっていたので、新婚早々に別居状態です。これは後になって妻には恨まれましたが。

私はこの道場を「獅子吼林サンガ」と名づけました。「サンガ」というのは、僧伽《そうぎゃ》つまり修行僧の集団のことを指します。私はこれを、本音で修行をしようと志す者の集団にしようと思ったのです。

「サンガ」は、伝統教団の修行道場へのアンチテーゼであり、自分にとっては実験の場所でした。還暦を過ぎた人間から、外国人、女性、永平寺出身者まで多種多様な人間が集まり、最低限のルールさえ守れば、あとは好きなように修行すればいいという場所にしようというわけです。

これが実に楽しい経験でした。ある人間は坐禅をする、ある人間は仏典を読む、ある人間は一人で托鉢に行く。昼過ぎに何とはなしに茶呑み話をしていたら、議論がエスカレートして気づいたら夕方、なんてこともしょっちゅう。そうした雰囲気は、永平寺に二十年いても味わえなかったもので、こう言うとまた怒られてしまいますが、恐山のことなんてすっかり忘れていた、というのが正直なところです。

ところが結果として、私の目指した「サンガ」は長く続きませんでした。それは場所を提供してくれた住職の考える道場のあり方と、私の考えとの方向性の違いが、一番の理由だったろうと思います。

忖度するに、その住職が考えていた方向性というのは、たとえて言えば、サンガを曹洞宗の近衛兵団のような場所にすることだったのではないかと思います。ところが私が目指したのは、梁山泊だったのです。

この違いは決定的でした。こちらはゲリラ部隊であり奇兵隊。あちらはエリートの親衛隊ですから、方向性が百八十度違います。

私は、なるべく背景の違う多種多様な人間を集めたいと思っていました。男性僧侶、女性僧侶、外国人、他宗派の人間、高齢者……。ゲリラと言っても革命を起こそうとまでは思いませんでしたが、とにかく仏教を生でつかむことができるような場所がほしかった。そこで、仏教をリアルに感じる人間をひとりでも多く育てたかったのです。これからの社会で、いずれ伝統教団の考え方は通用しなくなると思っていたので、そうなる前に少しでも布石を打っておきたかったのです。

しかしサンガが、そうした私の理想に近づけば近づくほど、住職の理想からは逸脱していったのでしょう。サンガを永平寺の大学院のようにしたかったとすれば、それとは規格外の異分子ばかりが集まるのを傍で見ていて、場所を提供している立場からしても複雑な心境だったと思います。

二年ほど経って、その方向性の違いにお互い素知らぬ顔はできない状態になりました。

同時に、結婚して恐山に来るはずの夫がいつまで経ってもやって来ないと、妻の我慢も限界を超え、もはやこれまでかなと思い始めたのです。

上手くいきかけていただけに、サンガのことはいまだに心残りです。出来ればもう一度、自分の思い描いていたサンガをやってみたいという、その気持ちが消えません。

ただ、誤解のないように申し上げると、その住職には大変感謝をしております。場所と資金を提供してくれて、貴重な経験をさせてもらったのです。今どきあんな志を持つ禅僧はそういません。住職にしても、曹洞宗の未来を考えたからこそ、サンガのような場所を再興したのであって、方向性が私と違っただけなのです。

永平寺を下りてから二年間、このように東京のサンガで貴重な実験と挫折を経験し、後ろ髪をひかれるような気持ちもありましたが、覚悟を決めて、いよいよ恐山へと向かったのです。

二〇〇五年のことでした。

第三章　死者への想いを預かる場所

毎日が驚きの連続

永平寺を下り、東京のサンガを経由し、二〇〇五年の春、いよいよ私は恐山へと向かいました。

それまで何度か当地を訪れたことはありましたが、やはり聞くと見るでは大違い、また、見ると住むでは雲泥の差がありました。その異様な風景、不便な生活環境については第一章でお話ししましたが、永平寺から恐山へと、百八十度環境が変化したといってもよいでしょう。

ただ、環境が変わっただけなら、旅行したって変わるでしょう。変化の根本的な問題は、私の関わる現実が変わってしまったことでした。「辺境」に来た、「秘境」に入ったというだけなら、ことは所詮、もの珍しさの話です。

ところが、目の前に現れたのは、千二百年続く「霊場」という場所でした。

「和尚さん、生まれ変わりって、本当にあるんでしょうか?」とか、「死んだあの子はどこに行くのですか?」と、突然、尋ねられるようなところなのです。それどころか「ばあちゃんは御山にいる」ということを、当然としている人々がやって来るのです。私の今までの考え方がそのまま通用するはずもありません。

先に述べたように、私は順境に居続けると、堕落する、と感じてしまう性格の持ち主です。居心地が良くなると、お尻のあたりがむずむずし始め、そのままではリアルな考えや言葉が生まれてこないのではないかと、逆に思い悩んでしまう。

反対に、逆境のような状況下で得たものこそリアルで、また、そのような状況でなければ、強度のある言葉や考えは生まれない、そのように考える人間です。

今や、まさしく、これまでの考え方がほとんど役に立たないような「逆境」に投げ込まれたわけです。何とかこの圧力に拮抗する言葉を見出したい。いや、見出さなければならない——頭ではそう考えていたのですが、実際に来てみると、それは容易なことではありませんでした。

とにかく毎日が驚きの連続です。

開山期間中の五月一日から十月末日までの六カ月で、毎年約二十万人の人が恐山を訪れます。永平寺にも毎日参拝客や観光客が多く訪れますが、その質が違います。恐山には物見遊山《ものみゆさん》のお客さんも大勢いらっしゃいますが、他方、これまた多くの方が死者を想い、死者に会うため、あるいは、抜き差しならない生の悩みを抱えて、はるか下北半島の外れまでやって来るのです。

私は恐山を管理する寺院の住職代理という立場ですから、そのような想いを抱えてくる人々と、対峙しなければなりません。その想いの濃度というのは、並大抵のものではなく、これまで経験したことのないものでした。

「自殺したものの魂は浮かばれないんですか？」

娘を失った母親に、目を真っ赤にして言われたとき、どうするのか――。

怖かった、というのが入山当初の正直な感想でもあります。

「怖い」というとまた誤解が生まれてしまいそうです。しかし、何度も繰り返していますが、別にこの世のものではない何かをここで実感したわけではありません。

そうではなく、何かここにはわけのわからないものがある。それを求めて多くの人がやって来る。しかしそれはこれまで培った知識や経験では、とてもじゃないが捌けるものではない――。

そんな、わけのわからないものと対峙するときに生じる怖さのことです。

死者への膨大な供物を持って、遠くから老若男女がやって来る。イタコの口寄せを聞くため、炎天下に三、四時間、日によっては七時間なんて時間をじっと待っている。

そこまでのことを人にさせるのは、千二百年続く霊場である、この恐山に何かがあるはずだからです。しかしそれが何かはわからない。単純な言葉では割り切れないものがここにはあるはずなのに、容易にはそれが何かをわからせてもらえそうにありませんでした。

仏教では割り切れない場所

死者供養を例に考えてみましょう。

それまで永平寺で学んだ仏教の理論をもってすれば、「無記」というカードを使って、「死後の世界や霊魂を〝ある〟とも〝ない〟とも言わない。それが仏教の考え方です」と、答えを保留することができます。

「死後の世界や霊魂が〝ある〟と思う人は〝ある〟と思えばいい。〝ない〟と思うならそれでいい」

そのように仏教の公式見解を伝えて、放っておけばいい。そう割り切ればいいのです。そのカードを切ってしまえば、別にこちらが困ることはありません。仏教教義上、間違ったことは決して言っていないし、理論的な混乱も生じません。

「あんなところは日本の土俗信仰に仏教の皮をかぶせたものに過ぎない」

恐山についてもそう断定し、仏教教義でもってスパッと切ってしまえばいい。現に永平寺の修行僧だった頃の私は、先ほど述べたように恐山に「嫌な感じ」を抱えていたにせよ、ほとんどそのような考えでいました。

ところが恐山に身を預け、いざ当事者になってみると、そうはいかないのです。「無記」のカードだけでは割り切ることのできない、動かしがたい、圧倒的な想いの密度と強度――それを私はリアリティと呼んでいます――がそこにはある。それを目の前にすると、このリアルなものの正体とははたして何なのか、ということについて考え込まざるを得ません。その正体の尻尾だけでもつかむためには、今まで培った知識や理論を捨てて、一からそのことについて考えなければいけない。

恐山をなめていたわけではありませんが、今まで考えてきた枠組みの中には、恐山の濃厚なリアリティを収納する器がないことを、早々に痛感させられたのです。「ただの教義理論や修行経験が通じる次元ではない。一から考え直さないとダメだ」と途方に暮れたほどです。

ここには愚かにも今まで見えてなかった、リアルな何かがある——。

そう思わざるを得ないようなことが、次から次へと起こる。ただそれは、「霊魂がある、ない」の二元論に落ち着くような単純な話ではありません。何がわかるかはわからない、けれど無視して済ませるような話でもない。それを見極めない限り、それを言葉にしない限り、ことは済みそうにない——。

そのように悩み考える日々がしばらく続きました。

死者は実在する

十五年前に初めて恐山を訪れたときの「嫌な感じ」。

この直感はある意味で正しかったのかもしれません。当時の自分が抱えていた問題は別のところにありましたが、恐山からはそれを超える何かが匂ってきた。だからこそ、「嫌な感じ」がしたのでしょう。

入山してからというもの、延々とそのことについて考え続けました。

二年が経つ頃でしょうか。

突然、「あっ、ここには死者がいるんだ」。

そう思ったのです。

死者は実在する――。

そのように考えなければ、恐山のことが理解できない。そう思い始めたのです。これは私の中では全く新しいアングルでした。それまでの私は「死者は実在する」などと、考えたことはなかったのですから。

永平寺でも当然のことながら他宗派と同じように死者供養を行います。一般在家の方がご供養を申し込んでくれれば、我々僧侶は毎朝の法要でお経をよみ、先祖供養を励行します。

ただ白状しますと、私自身はその供養の意味というものを、根底から考えたことはなかったように思います。なぜ生きているものが死者を供養するのか、ということについて、真っ向から向き合っていたとは言い難かったのです。

その理由は、それが当時の私のテーマではなかったからです。「死者供養とは何か」というのが、自分にとってリアルなものとして迫って来なかったからです。

毎日毎日朝のお勤めとしてお経をよんでいましたが、それは役目を果たすという意識、極端に言えば、ルーティン・ワークでした。そういう需要に応える役目を、日本では歴史的に仏教が担ってきたんだから、それはそれでよかろう、胸の内ではそのくらいのこととととらえていたのです。

ところが恐山に行ってみると、そのリアルなものが全然違うわけです。そこにやって来る人の抱えているものが、永平寺とは質も濃度も違うわけです。

永平寺の死者供養というのは、オーソドックスな修行体系あるいは教義の体系がまず先にあって、そこに死者供養や先祖供養が持ち込まれている、という構造をしています。つまり、道元禅師の仏法というか正法が軸にあり、死者供養というのはその中の一部分に位置づけられているに過ぎません。

ところが恐山では違います。

死者がまずいる。あるいは、死者を想う人がまずいるのです。

仏教というのは、それを収めるひとつの器に過ぎないのです。つまり死者の位置づけが、永平寺とは百八十度違うのです。

とにもかくにも、恐山というところでは、まず死者というものを先に考えなければいけない、入山から二年が経ち、やっとそのことに気づいたのでした。

生者から欠落したもの

死者は実在する――。
そう思うようになってからは、「死者が実在する」というのはどのような意味なのか、考え込む日々が続きました。当然それは、「死者がゾンビのように生き返って、恐山の境内を夜な夜な歩き回っている」ということではありません。また、霊魂が存在するかどうか、ということでもありません。

死者という存在がなぜリアルに立ち上がってくるかというと、死者というものが生者にとって決定的な意味を持っているからです。死者を想う人、というのは死者から何かを与えられるものがある人です。

それは何か――。

死者から生者に与えられるもの、それは生者にとって決定的に欠けているものです。生きている限りは手に入れることができないものです。

つまり、死です。

死者という存在には、死という何かが埋め込まれている。それは当然、生きている人間には決定的に欠けているもので、普段生活している分には、それを意識することもありません。

ところが恐山というのは、死者を媒介にして、生きている人間にその欠落を気づかせてしまう場所なのです。

このことに気づくまで二年かかりました。

それまでは自分が恐山について何を語ることができるのか、自信がありませんでした。

それが「死者は実在する」という言葉が浮かんだ瞬間に、初めて恐山に切り込む突破口が見えたような気がしたのです。

死は生者の側にある

そう聞くと、死者に〝死〟が埋め込まれているのは当然ではないか、そんなことに気づくまで二年もかかったのか。そう思われる方もいることでしょう。

ところが私が思うに、「死者＝死」ではないのです。

一見、死というものは死者に埋め込まれている、張り付いていると思われがちです。しかし私が恐山でつかんだ感覚としては、死は実は死者の側にあるのではありません。むしろそれは死者を想う生者の側に張り付いているのです。

なぜなら、死こそが、生者の抱える欠落をあらわすものだからです。その欠落があるからこそ、生者は死者を想う。欠落が死者を想う強烈な原動力になっているのです。

死者のことが忘れられない、というのは、忘れられない構造が人間の中にあるからです。死者を忘れるということは、生きている人間が抱える欠落を、何か適当な意味をつくってふさぐことに等しい。

しかし、死とはあらゆる意味を無効にしてしまう欠落です。死者こそがこれを意識させる。

私が恐山に来てつくづく思ったのは、「なぜみんな霊の話がこんなに好きなのだろうか」ということです。それは人間の中に根源的な欲望があるからです。そしてその欲望は不安からやって来ます。

つまり、霊魂や死者に対する激しい興味なり欲望の根本には、「自分はどこから来てどこに行くのかわからない」という抜きがたい不安があるわけです。この不安こそがまさに、人間の抱える欠落であり、生者に見える死の顔であり、「死者」へのやむにやまれぬ欲望なのです。

逆に、死んでしまった人のことをさっさと忘れたい、という人もいるでしょう。それは決して悪いことではありません。いつまでも死んだ人間のことを想い続け、仕事も家事も手につかず、日常生活もままならない、という状態では困ってしまいます。どこかで死者や死と折り合いをつけることも必要でしょう。

しかし、折り合いは所詮折り合いです。それで済むなら、そもそも恐山のような場所も必要ありません。

決して埋めることのできない己の根源的な欠落が、「死者」を欲望する。その場所が必要なのです。そのために恐山があるのです。死というものが生者にとっては欠落であり、磁石の両極がひかれるように、その埋めがたい欠落を埋めようと、人ははるかここ恐山までやって来るのです。

恐山を問い続ける

そのようなことを考えるようになって、はじめて供養の意味や死者を悼む気持ちというものを、自分にとってリアルな問題として考えられるようになりました。恐山に来なければ、そのことについて真剣に考えることもなかったでしょう。

「去年、妻が亡くなりました。彼女と話をしたいので、イタコさんに降ろしてもらってもいいでしょうか?」と真剣な面持ちで聞いてくる人がいる。

それが恐山という場所の日常なのです。それに対して、「いやあ、仏教には無記という考えがありまして……」と杓子定規には答えられません。

すでに別の本に書いたことですが、あるとき九十五歳のおばあちゃんが、「お坊さん、私は死んだら良いところに行けますか？」と聞いてきたことがあります。それをまた「仏教では無記と言って……」と、答えることなどできやしません。だから私は、「行けるに決まってるじゃないの。一生懸命がんばったおばあちゃんが良いところへ行かなくて、どこに行くんだ」と答えました。それを仏教教理から外れた答えだと糾弾されても困ります。

そのような応対を繰り返すたびに、彼らに少しでも届く言葉とはどのようなものなのか、問い続ける日々でした。

これまでも恐山についてさまざまな人が語ってきたとは思うのですが、それが参考になったということはありません。これは私の思考の癖でもあるのですが、自分にとってリアルな問題を考えるときに、他人の解釈から影響を受けることはまずないのです。違う前提、文脈で話をされても肯《うなず》くことができず、あくまで自分なりにリアルなものにならなければ、言葉が血肉化していきません。

裏を返せばそれは、ここで私が恐山について話をしていることは、あくまで私の考えたものに過ぎない、それが恐山のすべてだと言うつもりもない、ということでもありま す。ただ、私ほど恐山とはどのような場所であるか、しつこく考えた人間もいない、という変な自負はありますが……。

例えば、「なぜ恐山にはこんなに多くの人がお参りにくるのか」という問いに、「それは死者のご供養をしたいという人がそれだけいるからだ」と答えるのは、トートロジー（同義反復）に過ぎません。

私が知りたいことは、そういうことではなく、なぜ人は、死者の供養なんてことを考えるのか、という根底のところを知りたいのです。

日常をリセットできる場所

恐山に来てからの七年間でいろいろな人と話をする機会をもちました。

基本的に、事前にアポイントメントを取ってもらえれば、時間が許す限り会うようにしています。宿坊の宿泊客には、食事の後に法話をするのですが、それを聞いて話をしてみたいと言って来る人もいます。

なにせあのような場所です。テレビもない。携帯電話もなかなかつながらない。つまり、日常と遮断されています。そうすると、自分の置かれている状況を客観的かつ俯瞰的に見ることができます。それに死者を懐かしむ気持ちが手伝うと、普段は蓋をしているはずの感情が一気に噴出してくるのです。普段気づかなかった自分の気持ちを知るよい機会にもなるのです。

非日常的な雰囲気に身を置いて、日常の鎧を脱ぐ。縛りを解き、一旦、気持ちをリセットする。そのような効用も恐山にはあるのでしょう。

また、恐山を訪ねてくる人と対話を重ねていると、そこにある傾向を見出すことができます。

最初は死者について話をしていたはずが、段々と自分のことに話がシフトしてくる人が多い。話の行き先が、死者から自分へと変化してくる。最初は、どのように亡くなったのか、その人との関係性や懐かしい思い出について語っていたのが、徐々に、自分がいま抱えている苦悩や問題へと、話の鉾先が変化してくるのです。

死者の思い出と今自分が抱えている苦悩や問題が、どこかで接続してしまうのでしょう。死者について語りながら、本当にその人が訴えたいことは別のところにあるのではないか、と思うことがしばしばありました。

また、すべての人が死者を懐かしく思っているわけではありません。死者に対してアンビバレントな想いを抱えている人もいました。

例えば、亡くなった母親について、「母の得意な料理はちらし寿司でした。還暦を迎えてから一緒に旅行しました」などと懐かしく語りながらも、どこか強い不満というか切なさを、その母親に対して抱えているのではないかと感じさせられることも少なからずありました。

そのようなアンビバレントな感情が根底にあると、その人の実生活における人間関係にも影響してきます。お母さんを百パーセント許せない自分がいる。悲しいことだけど、どうしても許し切れない。それがネックになって、生きている他人にも心を開いて付き合うことができない、というケースもありました。

家族というものは、人間の実存にとってとても重要な問題領域だと思います。プラスの面は言うまでもないですが、家族が与える負荷というものも、想像以上にまた大きい。また、時代とともに家族のあり方は変化していきますから、その変化に戸惑っている人も多いはずです。

現代を生きる人々には、家族をめぐって内外ともに強い圧力がかかっています。外部から家族全体にかかる圧力、内部でその家族から個々人にかかる圧力。双方の圧力に悩み苦しんでいる人が多くいることも、不思議なことに恐山にいると、見えてくるのです。

死んでなお、いや、死んだがゆえにこれだけの圧力をかけてくる他者が、いないわけがない。死者は実在するのです。

集まってくる民間霊能者

世の中にはこれほど多くの民間霊能者がいるのか――。

恐山に来て驚いたことのひとつです。全国のあらゆる場所から、自称・霊能者、あるいは拝み屋さんと呼ばれる民間宗教者が、自分たちの「信者」を率いて恐山までやって来ます。彼らは、様々な信者の相談に乗り、「霊的」なアドバイスをしているようです。

恐山にやって来たある拝み屋さんが、「昨日夜中に、〇〇〇〇（有名な霊山）のお不動さんに会ってきた。お不動さんは、みなさんに『よくお参りするように伝えてくれ』と言っていました」と力説しているのを見て驚いたことがあります。そこは恐山から数百キロ離れたところにあって、とても一晩で行ける距離ではないからです。しかし信者の方は「へー、それは大変だったわね」とごく自然に受入れて、感心しているのです。

しかしそれについて私がとやかく言うことはないと思っています。

「そんなこと言ってるが、昨日あなたは宿坊で寝ていたではないか」と指摘しても、「身体は恐山にあったが、魂が抜け出したのだ」と強弁されれば、第三者がそれは嘘だと証明することも難しい（もちろん、魂が抜け出していったことも証明できませんが）。

それを肯定するつもりはありませんが、彼らは彼らなりのリアリティを生きている。彼らが見ている世界が間違いだとは誰も言えません。

彼らに、なぜ恐山で霊を降ろすのか、他の場所でもいいじゃないかと言っても、彼らは「いいや。恐山でないとダメなのだ」と言う。私は困るなと思うのですが、彼らにとっては恐山が重要なのです。私の言葉が通じない、直接切り込めない世界があることを恐山は気づかせてくれます。

ただ、この辺りは非常に難しい問題です。繰り返しますが、そこが曹洞宗の管轄だからといって、永平寺原理主義をあてはめようとしても無駄なのです。

そもそも原理主義というものが有効なのは、現実が非原理的な世界であるときです。しかし原理主義が現実になった瞬間、原理主義は現実を壊してしまいます。ならば原理主義などなくてもいいではないかと思うかもしれませんが、常に現実の構造は曖昧で、それを批判するための道具として原理主義は必要になってきます。ところが、原理そのものがダイレクトに実現してしまったら、現実を壊し、原理自体も破滅してしまいます。

恐山でも同じです。

あそこに道元原理主義を持ってくる必要はありません。ならば、仏教を全部排除してアニミズムでやればいいかというと、そうでもない。

いずれにせよ、恐山という場所を人為的に仕切る、というのは全く無駄なことなのです。恐山の信仰というのは、集まってくる人々が作っているもので、上から教義や原理を押し付けて出来たものではないということを決して忘れてはいけません。

宗教者の素質

恐山にやって来る様々な民間宗教者を見ながら、私は自分を含む宗教者の在り様について、こんなことを思うようになっていました。

宗教者の素質のようなものがあるとするなら、その素質として私が一番大事だと考えるのは、教義を深く理解できる頭脳でも、縦横無尽に説教する弁舌でもありません。まして霊感でも超能力でもありません。つまり、一般人にないような特殊能力を「持っている」ことではありません。

そうではなくて、大事なのは、自分が生きていること、存在していることに対する、抜きがたい不安、先に触れた根源的な不安です。

どうして自分はこうなのだろう、このままでいいのだろうか。なぜここにいるのか、どこから来てどこへ行くのか。そういう問いが自分を底の方から揺るがしていることです。どうしても知りたいこの問いに答えられない切なさです。答える能力を「持っている」ことでなく、「持たない」ことなのです。

いわば、この「不安のセンス」が、宗教家の資質として最も大切だと、私は思っています。それは、ある意味、「無明」や「原罪」などという言葉に極めて敏感に反応するセンスでしょう。

宗教者は、人間の苦悩を扱う立場です。多くのそれは貧困だったり、病気だったり、人間関係の争い事だったりでしょう。それらの解決は、直接宗教が関わることではないかもしれません。しかし、そうであろうとなかろうと、いずれにしろ、何らかの苦しみ、悩み、切なさを抱えて、人々は宗教にアプローチしてくるのです。

だとすれば、宗教者は、まずその苦しさ切なさに寄り添えなければなりません。問題はそれぞれ別であっても、いま苦しいという、その苦しみに共感できなくてはなりません。それには、自分が存在していること自体に、ある種根源的な苦しさを感じていることが、極めて重要な「能力」になるのです。

その不安や苦しさは、劣等感とは違います。他人と比較可能な能力の不足感に由来する劣等感は、それが宗教に紛れ込むと、「神」や「仏」を道具に使って他人を支配することで優越感を味わおうとする、とんでもない欲望に転化しかねません。

劣等感はないにしろ、人間の免れ得ない苦しみに対する想像力や共感をほとんど持たない人物が宗教にコミットするなら、「他人の弱み」につけこんで儲けようとする、悪質な「宗教商人」に堕しやすいでしょう。「商人」にならないまでも、おそろしく傲慢な「支配者」になるでしょう。

「一番危険な欲望は正義の顔をしている」と言った人がいますが、この「危険な欲望」とは、他人を支配したいという欲望のことです。ならば、それは「正義」の顔ばかりではなく、「真理」や「美」、さらには「神」や「仏」の顔をしているかもしれません。だからなのです。自分の中に、その根底に、どうしようもない苦しさ、切なさ、痛みを、激痛でないにしろ、疼痛のように感じ続けていることが、宗教者として大事なのです。この痛みを知る人間は、他人を支配しようと、巨万の富を得ようと、自分の問題が何も解決されないことを、骨の髄から知っています。エセ宗教者になりようがない、ということです。

妄想癖のある私などが恐山にいると、七面倒くさい仏教なんぞは放り出して、適当な教義をでっちあげ、「教祖」になって大もうけしてやろうか、などと思ったりします。

ロケーションがロケーションである上に、禅寺で二十年近く修行したことは事実なのですから、さらに経歴を超能力者的に粉飾したら、並みのインパクトではありません。その上私の過去を知る人が全員黙っていてくれて（あるいは全員を黙らせて）、かつ急ごしらえの「霊能力ごっこ」を手伝ってくれる若干の協力者を調達できれば、おそらく大成功は間違いありますまい。オマエはその方が向いてるぜ、と言う口の悪い友人さえいます。

なぜ、できないか。それほど自分を騙して平気でいられる才能に乏しく（つまり、「ごっこ」が恥ずかしい）、他方、馴染みの「苦しみ」はいまだ高めの水準を保っている（つまり、「ごっこ」が馬鹿々々しい）からでしょう。

不安を共有するセンス

恐山まで自分の「信者」を引き連れてくる「先生」たちを見ていると、私も「大本山・恐山　〇〇宗」とか何とかでっち上げるのは簡単だなと不謹慎ながら思ったりもします。これだけの舞台、道具立てですから、「私は見た！」なんて言えば、一発でしょう。

しかしそれをしないのは、自分に喰い込んでいる「不安のセンス」がそれを許さないからです。自らも苦しみを抱え、その上で他者にもその苦しみを見てしまえば、「こうすれば、ああなる」なんて断定できるはずがありません。

宗教者というのは、明確な根拠を答えとして与える人間だと、多くの人は思っています。

しかし、私はどうしてもそうは思えないのです。

不安を共有できない宗教者は信用できません。不安を共有して、なおかつ生きることにチップを張る、つまり賭けることができる人間こそが、優れた宗教者であると私は考えます。「答えを出す」のではなく「問い続ける」ことこそが、宗教者にとって重要なことなのです。

恐山で、あの世はありますよ、霊魂はありますよ、と単純明快に答えを与えるのであれば、何もその場所の意味について、頭が痛くなるぐらい考える必要はないわけです。「私は見た！」と一発かまして、それまで学び培ったものをすべて捨てればいい。

だけど私は、言葉で何か言い切ってこれで完結、ということは、言葉が言葉である以上ありえないと思っています。

何とかして自分の問題を言葉にしたいと思っているはずなのに、その言葉というものを根本で信じていない、というのは矛盾以外の何ものでもなく不思議なのですが、その矛盾こそが私の宗教観の根底にあるものなのです。

死者に何を預けるのか

その「不安のセンス」、あるいは、「言葉に対する矛盾した態度」というものが、如実にあらわれるのが死を前にしたときです。

死というものは、何が何だかわからないものです。生きている限りわかるはずがありません。もしかしたら死んでも、死というものがわからないかもしれない。「死は○○だ！」と明確な答えを与えた瞬間に、それが死者の語るものでない限り、その言葉はお伽噺も同然です。

それどころか、死者が語るとするなら、その「死者」は何らかの形でこの世に存在していたわけであり、要するに「生きて」いたのです。経験として語られる死は、誰が語ろうと、死ではありません。だとすれば、死というものがどのようなものか、我々には、絶対的にわからない。

その死の前に立つとき、どこの誰で、どういう人物かなど、人間の一切の属性は無効となります。どんなに金持ちであろうが、偉い人間であろうが、まるで意味を持たなくなります。

そのことを恐山に来てから特に実感するようになりました。相手が何者だかわからない。わからないものの前に立って、自分は何者かと問うたときに、何か手ごたえが残るわけでもない。

それが死というものです。

では、死者の前ではどうか――。

死と死者は違います。

死者の前に立ったとき――この場合の〝立つ〟というのは比喩的な意味ですが――、自分は何者なのか、何の手ごたえもないかというと、そうではありません。

しかしその手ごたえは、生前に感じたものと同じかというと、それも違う。死者の前に立つときと生者の前に立つとき、両者から得る手ごたえは、大きく違ってきます。

ここ数年で、私も父と師匠という大事な人間を相次いで失いましたが、生前彼らと会っていたときと、亡くなってから彼らと向き合うときとでは、その手ごたえは全く違うものです。また不思議なことに、亡くなってからの方が、よく彼らの言葉を思い出したり、懐かしく思ったり、親しみを覚えたりするのです。

死者の前に立つとき、自分の中の何かを死者に預けている、という感覚がある。亡くなって時間が経てば経つほど、そのような感覚が強くなっていきます。

一体、私たちは死者に何を預けているのか――。

それは、欠落したものを埋める何かだと私は考えています。

死者を想うと、どこか懐かしい感情が喚起されるでしょう。それは欠落したものが死者を前にして一瞬埋まる、と感じたために生じるものではないでしょうか。

私たちは生きている他者の前に立つとき、彼らからなるべく多くのものを得たいと思うでしょう。このとき、死活的なそれは、物などではありません。それは好意であり、愛情であり、優しさであり、共感であり、尊敬であり、結局のところは、他者から自己の存在を認めることです。欠落を埋めるものはそれなのです。

死者はもはやそれを与えることはできません。が、忘れられない死者とは、かつてそれを私たちに与えた人です。しかも決定的に。だから、そのことが、懐かしさとして想起されるのです。

相手が生者ならば、私たちはさらに働きかけて、得たいものを得ようとするでしょう。ですが、死者に対しては想起することしかできません。この上得られるものが何もないままで、他者を想うとき、その想いは、当の他者、死者に預かってもらうほかありますまい。

そういう想いは、自分の意志でどうにかなるものではありません。たとえ想いたくなかったとしても、どうしようもなく、想ってしまうものでしょう。それは我々の欠落から噴き上がってくるからです。

もし、このような死者がリアルな存在ではないと言うならば、生者もまたリアルな存在ではありません。私は常々、死と死者よりも、死者と生者の方が近いと思っています。なぜなら、死者にはすでに死は無く（死者はもう死にません）、生者とは、死につつある者に他ならないからです。

「自己とは自己そのものによって立ち上がるものではない。それは他者によって課せられているものである。それは名前を付けられることに始まり、誰かの子となり、誰かの兄弟姉妹になり、誰かの生徒になり、友人になり、部下になり、夫や妻になり……」

そう私はよく考えます。ならば、この〝他者〟を〝死者〟に置き換えて、

「生者とは死者によって課せられたものである」

自己と他者との関係性というものを、このように生者と死者との関係性にまで広げて、考えておく必要があります。

自分の死と他人の死

死というものを考えるとき、一人称の死、二人称の死、三人称の死と三種類に分けて考える場合があります。その言葉自体は、ウラジミール・ジャンケレヴィッチというフランスの哲学者によって広められたものです。

一人称の死、というのは、自分の死。

二人称の死、というのは、家族や近親者の死。

三人称の死、というのは、他人の死。

そのように〝死〟を分けて考える。

だけど私に言わせれば、二人称と三人称の死、というのは、〝死〟ではありません。

それはただの〝不在〟か〝消滅〟です。

他者の不在や消滅を目の当たりにした者が、これが自分にもいずれ起こることだと考えたときに、初めて〝死〟がリアルなものとして立ち上がり、死についての自覚が生まれるのではないでしょうか。

二人称、三人称の死というのは、一人称の死を投影しただけです。他人の死というものは、自分の死の参考には決してならないものです。何人称であろうが、つまり「あなたの死」であろうが、「彼の死」であろうが、ある不在が自分にも起こると思った瞬間に、死という言葉が我が身にもリアルに迫ってくるのです。

師匠であれ父であれ、その不在は、その死は、自分の死とは違うのです。

死んで焼かれて灰になって、物理的に存在しなくなっても、死者からリアリティが失われることはありません。その死者が、ある人間の思考や行動に影響を与えるのならば、生者のそれとどこが違うというのでしょうか。その意味では、死者と生者の差なんていうものはたいしたことではありません。

この章の初めで、「死者は実在する」と申し上げた意味も、ここにあります。

死者のリアリティというものは抜き差しならないものがあります。そのリアリティというのは、生者に影響を与える力があります。それは生きている他人から受ける力と質的な違いはないのです。ならば、死者は他人と同じように実在する、というわけです。

しかし、死と死者は違う。

両者の存在性格、次元が違うと私は考えています。生者は死者に自らの欠落から噴き上がるものを預ける、と述べました。その預けるという行為の背後から、死というものは這い上がってくるのです。

人は死んでも関係性は消えない

死者は実在し、生者と同じように我々に影響を与える。死者にはそれだけの力がある。

だからこそ恐山には、毎年二十万人という人が集まるのでしょう。

自分に欠落したものを死者が見せ、その欠落が欲望するものを死者に預けていく。「死者に会いたい」と考える根底のところでは、そのような無意識のはたらきがあるのではないでしょうか。

友人であれ夫婦であれ家族であれ、生前に濃密な関係を構築し、自分の在りようを決めていたものが、死によって失われてしまう。しかし、それが物理的に失われたとしても、その関係性や意味そのものは、記憶とともに残存し、消えっこないのです。

例えば、大事に育てた一人息子が不幸な事故で亡くなったとしましょう。それでも、父親は父親なのです。たとえ息子が死に至り、物理的にこの世から失われたとしても。それは息子が死んでも変わりません。

その関係性や課せられた意味はなくならない。息子がこの世に生きているかどうか、物理的に存在しているかどうかは関係ありません。

ただし、その関係性や意味を生者がずっと抱えているのはきついことです。生者が抱えたままでは、日常生活をおくるのが困難になることもあるでしょう。

ならば、どうするか。

死者にその関係性を預かってもらうのです。

私たちの想い出す、懐かしむという行為によって、死者は現前し続けます。不在のまま、我々に意味を与え続ける。だけど生者はその意味を持ちようがない。抱えきれない。相手が生きていれば、その関係性や意味を互いに持ち合うことができます。また、意味を変化させたり、再生産したりすることもできるでしょう。

しかし相手が不在の場合、これはどうしようもありません。お手上げです。両者をつなぐ意味だけが残り、しかもそれは生者の行動さえも変えてしまう力を持つのですから、その力に押されて精神的に参ってしまう人がでてもおかしくありません。身近な人の死に囚われて、一時期は一歩も身動きが取れなかったという人が、よく恐山を訪れますが、まさにそれです。

生者は、死者という「不在の関係性」を持ち切れません。その代わり、死者にその「不在の意味」を担保してもらう他ないのです。死者に関係性や意味を預かってもらうしかないのです。

そしてそのための場所が、ここ霊場・恐山なのです。

詫びるなら生きているうちに

重要なのは、生者との関係性が消えてしまうと、その関係性の密度は、むしろ死んでしまった後の方が強化される、ということです。

よく言うでしょう。

「自分の親が死んでからそのありがたさがわかった。生きている間に親孝行しておけばよかった……」

いつまでも相手がいると思うと、愚かにもその人をあまり大切にしなかったり、会いに行かなかったりします。しかし、いつでも会えると思っているうちに相手が死んでしまったら、後々まで大きく響きます。

感謝でも謝罪でも、その人が生きているうちにしておかなければ、それは後悔という形で永遠に残ってしまいます。

だから私はよく言います。

「詫びておきたいと思う人がいる場合は、その人が生きているうちに必ずお詫びしなさい。それでも間に合わなくて相手が死んでしまったら、仏壇やお墓の前で声に出して詫びなさい」

「ごめんなさい」と、相手が生きているうちに詫びることができるというのは、とても大事なことです。それができないまま相手が死んでしまうと、その意味が固定化されたまま、いつまでもわだかまりとして残ってしまいます。

自分が消えるか他人が消えるかにかかわらず、決定的な意味というのは、決定的な関係から生じます。その決定的な関係が、どちらかの死によって物理的に消えてしまったとき、その意味だけが未消化のまま残ってしまう。これはとても辛いことです。どちらかが死んでも関係は終わらず、その意味は固まって残ってしまうのですから。

恩讐の彼方に

二〇一一年九月、一人の人気俳優の決断が世間をにぎわせました。

俳優・香川照之氏の歌舞伎挑戦です。四十五歳にして初めて歌舞伎に挑戦すると発表するや、大きなニュースとしてメディアに取り上げられました。

香川氏は、歌舞伎俳優・市川猿之助と女優・浜木綿子《ゆうこ》の長男として生まれました。梨園は世襲制ですから、当然彼は世継ぎとして期待され、幼い頃から歌舞伎の舞台に上がり、いずれは父の名跡を引き継ぐはずでした。

しかし二歳のときに両親が離婚、父は別の女性と生活し、香川氏は母に引き取られました。その結果、彼は歌舞伎界とは縁のない世界で育つようになりました。そこには、自分たちを捨てた父親に対しての反目の感情もあったようです。東京大学を卒業後、芸能界入りし、その後の活躍はご存知の通り。ドラマや映画に引っ張りだこ、当代随一の名優としての道を順調に進んでいるかのように見えました。

それが、四十五歳になって自分の息子とともに歌舞伎界への挑戦を表明したのです。自分と母を捨てた父親に対しては、複雑な感情を抱いていたはずです。しかしそれを乗り越え、身体の不自由になった父親の面倒まで見ているというのですから、見事なものです。

そのことを発表した記者会見には、父・市川猿之助も車椅子姿であらわれました。彼が、カメラに向けて発した言葉がとても印象に残っています。

「浜（木綿子）さん、ありがとう。恩讐の彼方にありがとう」

香川氏の決断を後押ししたであろう、自分の元妻に向けた言葉です。

「恩讐の彼方に」という言葉に、さまざまな感情が込められています。

「できることなら生前に詫びておけ」というのはまさにこのことです。

もし市川氏がこのひとことを伝えられないまま、他界してしまったら、その関係性や意味は固定化されたまま修復不可能なものとなります。それは当人同士のみならず、息子や孫にまで大きな影響を与えてしまうはずです。もちろん、このひとことで当事者たちのわだかまりがすべて溶解したわけではないでしょうが、それがないまま永遠の別れを迎えるよりは、いくらか気持ちの負担も軽くなったはずです。

恐山とは巨大なロッカーである

このように大事な関係であればあるほど、相手が亡くなってしまった後に残る意味は強烈なものになります。それはイメージとして、あるいは観念となって残ってしまいます。そしてそれは自分だけでは持ちきれないので、死者に預かってもらうしかありません。

死者の想い出というのは、それが懐かしさを伴うものだろうが、恨みを伴うものだろうが、死者に背負わせるべきものなのです。生者が背負うものではなく、死者に預かってもらうしかないのです。

恐山というところは、そのような死者の想い出を預かる場所なのです。「恐山は巨大なロッカーである」とも言えるでしょう。

想い出というのは、預けておく場所が必要です。よく「過去を引きずるな」と言いますが、それは「死者の想い出を生者が持ち切れない」からです。「死んだ人のことは忘れなさい」とも言いますが、忘れられるわけがありません。それが大事な人だったらなおさらのことでしょう。その想い出は死者に預かってもらうより他ないのです。

生きている人間は誰しもが、誰かの遺族です。

親でも兄弟でも友人でも、誰もが自分にとって大切な人を亡くした経験があるはずです。しかしその人たちがみんな死者への想い出を引きずり、日常生活もままならない、ということでは当然ありません。

それぞれが折り合いをつけながら、それぞれ生活をしています。誰もが恐山へやって来て、亡くなった人の名を叫び、供物をささげるわけではありません。

だからといって、そのような人たちが死者を大事に想っていないかといったら、そういうことではないでしょう。身近な人の死を引きずり何事も手につかなくなってしまう人、引きずりながらも表面上は平気な人、全く引きずらない人、さまざまです。

それは人に依るのです。死者へとつながる鍵を開けずに済むのであったら、それでいい。無理に鍵を開ける必要はありません。そのまま突っ走ればいい。そのことが死者を大切に想っていない、ということでは決してありません。

ただ、それがいつまでも続くとは限りません。

何となく死んだ人のことを想って恐山に来て、そこで初めて死者へつながる鍵を開けてしまい、その人が崩れ落ちる瞬間を、実際に私はここで何度も見てきました。近親者に限らず、自分にとって大切な人の死というのは、想像以上の衝撃を秘めているのです。

「一番の供養」とは何か

それは仏教者である私も同じです。

私も五十歳を超えていますから、先ほど申し上げたように父や師匠など、大切な人の死を経験しています。僧侶だからといって、特別なやり過ごし方、テクニックがあるわけではありません。

死者と向き合う、というのは、仏教の問題とは直接関係がないのです。

どの世界のどの宗教にも死者と向き合う儀式があります。亡くなった人への想いというのは全世界共通のもののはずで、その感情をどのような枠に入れて処理するか、というところでそれぞれの宗教の問題になってきます。

それは仏教的なものもあれば、キリスト教的なものもあれば、恐山的なものもある。どれを使っても別にいいわけです。仏教の中でも極楽浄土を設定するものもあれば、我々禅宗のやり方でもいい。それはその人が生きている世界や縁で決まってくるもので、そこには優劣も本質的な違いもないと私は思います。

例えば私の場合、父や師匠の一周忌、三周忌の法事に出席して、お経をあげる。しかしそれは、お経をよめばあの世で父や師匠が喜ぶ、と思ってやっているわけではありません。あくまで、仏教者の死者供養の習慣というか儀礼の枠内でのことです。

そうした儀式よりも、私は彼らを想い出すことのほうが、一番の供養になると思います。そのことについて、以前「想い出すということ」という題で、文章を書いたことがあります。

先日、ある電話がかかってきました。中年と思しき女性が、とても丁寧な口調ながら、暗く沈んだ声で、こう言うのです。

「お忙しいところ、突然に申し訳ありませんが、どうか教えてください。実は、私の娘が四年ほど前に自殺してしまったのです。そこで、毎日仏壇を拝み、節目には和尚さんのお経も頂いているのですが、ご供養はそれでよいのでしょうか。私の家はそちら様とご宗旨が違うことは存じておりますが、本当はどういう供養をすれば一番よいのかと思って……」

私はすぐに答えました。

「奥さん、ご宗旨が違えば、供養の仕方はそれぞれです。私の立場からそちらのお宅のご供養の仕方をアレコレ言うことはできません」

「はあ……」

「でもね、一番よい供養というのは、娘さんを想い出してあげることですよ。楽しかったこと、懐かしいこと、とにかく優しい気持ちで娘さんを忘れずに想い出してあげることです。後のご供養は、できる範囲で丁寧にすれば十分です」

「ああ、そうですか。それでいいんですね、よかった」

想い出してあげることだ、と言った所で、彼女は小さく息をのみ、続く声は、ほとんど一オクターブ高くなりました。

私が思ったのは、このお母さんは娘さんを想い出すことをためらい、そうとは知らずに自らに禁じているのではないか、ということでした。

娘さんの自殺にいろいろな事情があったかもしれません。第三者が聞けば納得できるような理由もあるでしょう。

しかし、たとえそうであったとしても、このお母さんは娘の母親であるというそのことだけで、すでに彼女の死に罪と責任を感じているのかもしれない。だから、四年が経過してなお、悲しみのまま、後悔のままであっても、想い出すことができないのではないか。もしそうなら、私はその気持ちを解除してあげたかったのです。

死後の世界や霊魂のことは、私にはわかりません。しかし、死者がその存在を消滅させないことは知っています。死者は彼を想う人の、その想いの中に厳然と存在します。それは霊魂や幽霊どころではない、時には生きている人間よりリアルに存在するのです。ならば、その死者を想う自らの気持ちを美しいものとすることが、何よりの供養ではないでしょうか。いまは悲しみと後悔の中であっても、いつの日か懐かしく優しい気持ちで、故人の一番幸福であった頃の姿を想い出せることが、私はとても大切なことだと思うわけです。

一番の供養は「死者を想い出す」ことなのです。

どのような宗派でどのような儀式をしたか、あるいは葬式や戒名料にいくら掛けたかということは、関係のないことなのです。

問題は、想い出し方、なのです。

死者が実在するとして、どうかかわるのか。「不在の関係性」などとしか言えないような、そういう関わりは、結局生者との関係性をモデルにして、強引に納得するほかありません。

お供え物をあげたり、死後の幸福を祈ったりする場合、死者が生者と同じようにいるのだという了解を前提としない限り、成り立たないと私は思います。それはどのような宗教、宗派、儀礼であれ、同じことではないでしょうか。

生と死の境にはドアのようなものがあり、死者は死ぬとドアの向こうへと移動していく。消滅するのではなく、この世から離れて移動する。このことを前提としなければ、あらゆる儀礼は成り立たないことになります。また、そうしなければ残された者の感情を処理することもできません。

ただこれは死というものの本質的な解決とはなりません。人間がどこからやって来て（生）、どこへ行くのか（死）、というアポリア（難問）は、解決がつくものでもありません。

あくまで儀礼の前提として、こうしたモデルがあるだけのものです。あるレベルで〝死〟という問題を納得するためには、別離と移動というモデルを使わざるを得ない、というだけのことです。

変化する死者儀礼

現在、あちこちで葬式仏教批判が言われています。葬式仏教の形骸化が叫ばれ、仏教に頼らない無宗教の葬儀が急増しているようです。

これは戒名料を取るのがけしからん、とか、お坊さんやお寺への不信が表面化したわけですが、問題の根底にあるのは、死者儀礼の意味自体が衰退しつつある、ということだと私は考えています。それが葬式仏教批判、という形をとって表面化しつつあるのが現状でしょう。

死者に対して何かを想うということと、死者儀礼というのは別のものです。しかももっと決定的なのは、こうした葬式仏教に対する批判や意識の変化が、死者の扱い方とは別問題だということです。儀礼の煩雑や金銭問題などは、所詮、枝葉の話です。

むしろ問題は、生者の側にあります。

最大の原因は、他者や自己の存在感が希薄になっていることです。

死者供養の形骸化というのは、生者が軽く扱われていることと並行して考えるべき問題です。生者の意味が軽くなっているから、死者の意味も軽くなっているのです。

繰り返し述べているように、死者のリアリティと生者のリアリティは同じである、と私は思っています。

生のリアリティの根本にあるのは他者との関係性です。他者との関係性が軽くなってしまえば、生きている人間の存在感も軽くなる。他者に強い思い入れもなければ、他者から得るものも当然少なくなってきます。

それは死者とて同じこと。存在感が希薄になりつつある生者に、死者を想い出す余裕はありません。葬式に対する意識が薄くなるのも当然です。

死者を供養するための儀礼というのは時代の影響をまともに受けます。社会構造の変化や人間関係の変化というものがダイレクトに影響してきます。

平安の昔、庶民の死体は平気で河原に捨てられ、そこで朽ち果て地に還るのを待つばかりでした。そこには、あちらに送り出す儀礼もお墓も位牌もない。一方、貴族たちによってお坊さんの儀礼が死者供養に取り入れられ、現在の葬式の形が作られ、それが庶民に普及していきました。

そのような起源が葬式仏教にはありますが、何もいまの葬式のような形にしなければいけない、という仏教教義があるわけではないのです。人々の要請や一定の条件があって始まったものだということは覚えておいてよいでしょう。

死者儀礼というものは、それを支える時代の構造が変化すれば、変わるのは当たり前。極端にいえば、無くなっても構わないものです。

ただ、仮に無くなったとしても、死者を弔う、という人々の感情がなくなるわけではありません。ならば、そこには必ず死者と関わる作法が生まれ、それはまたそのときの社会構造とリンクしたものになる、というだけです。

いくら死者儀礼の持つ意味が軽くなったとしても、死と死者が実存に対して持つ意味は変わりません。親と子の関係が時代とともに変化したとしても、実存的な位置づけが変わらないように。

人間が人間である限り、他者によって自己は課せられる、ということから免れることはできないのです。それは死者でも同じこと。儀礼がどうであれ、死者と生者の関係もまた変わることはないのです。

不変の器

葬式仏教批判からくる死者儀礼の形骸化が、恐山に与える影響というのはどのようなものでしょうか。

あるとき、「このような風潮の中で、むしろ霊場、死者供養の場所としての恐山のプレゼンスは上がっているのではないか」と私に言ってきた人がいましたが、それについては定かではない、というのが正直なところです。

あるアンケートで、恐山が全国第二位のパワースポットであるという結果が出たことを第一章でお話しました。その限りにおいては、霊場という場所に敏感に反応する人が、それだけ多くいる証でもあります。

そうした背景には、既存の宗教がすくい取れなかった感情が、今を生きる人々に根深くあるのでしょう。彼らが抱えている問題なり不安なりというものは、現代において決して無視のできないものなのです。

しかしそれは、現在の死者供養や儀礼のパターンには決して収めることができないものです。

時代が変われば、人々が恐山に求めるものも違ってくるはずです。今の恐山で行われていることが、全くリアルなものではないと考えられる時代もやって来るはずです。

仮に現在の恐山を形作るものが解体したとしましょう。伽藍も仏像も卒塔婆もなくなり、大昔のような荒涼とした風景に戻ったとする。しかしそれでも恐山という場所自体はびくともしないはずです。いずれ人々はそこに何かを求めて、宗教的なもの、文化的なものを形成し始めるはずです。

恐山とはそのような場所なのです。

何度も申し上げているように、恐山というのは器でしかありません。その器が古びて使えなくなれば、別の器をまた誰かが持ってくるはずです。そのようにして恐山はこれからもずっとあり続けるのです。

恐山が将来どうなるか、実際のところはわかりません。

しかし、そのように廃れ切ったとしても、また別の形で人が集まってくる可能性のある場所なのです。事実、十五世紀に一度荒れ果てましたが、曹洞宗のお坊さんがやって来て十六世紀に再興されました。そのような歴史を恐山は経験しています。

人間が不死を得ない限り、死と死者というのは、絶えず生まれてくるものです。それに対して生きている人間が向き合わなければいけない、死者をどのようにかして処理しなければいけないことも、変わらないはずです。しかしその方法については、時代や人の考え方によって変わっていくものです。

恐山には、葬式仏教以前の何かがあるのです。

葬式という儀礼のずっと手前にある、もっと生々しい何かがあるのです。

たとえ今の仏教式の死者供養が廃れたとしても、それは恐山の衰退を意味しません。我々仏教が恐山から手を引いたとしても、どこかから新たな宗教、あるいは霊能者があらわれて、大発展するかもしれません。

私が恐山を「パワーレス・スポット」と呼ぶのもそういった理由です。

その上に何が乗っかろうが、最終的には恐山という場所が飲み込んでしまう。そのとてつもない吸収力が、恐山という場所の特徴なのです。

日本のパワースポットの筆頭である伊勢神宮には、式年遷宮というものがあります。伊勢神宮では、二十年に一度、内宮や外宮、別宮にある全ての社殿を壊し、作り替え、神座を遷します。

これは恐山のあり方と対照的なものです。そこに「ある」ものを壊し、更新し、それがまた新たなパワーを生みだす。それは、伊勢神宮が比類なき日本のパワースポットであることを如実に証明しています。

比して、恐山という器の上に不変のものはない。それは諸行無常で廃れるかもしれない。けれど人が生きている限り、死者を想うという感情がなくならない限り、恐山という場所もまた続くのです。

第四章　弔いの意味

君には信仰がない

ここまで恐山についてお話をしてきましたが、「霊場」の話をしているにもかかわらず、「恐山には出るのか、出ないのか」という、「大テーマ」はほとんど無視してきてしまいました。恐山で出現した怪奇現象、あるいは不可思議な存在について知りたい、そう考えてこの本を手に取った方も少なくないと思います。だとすれば、ご期待を裏切り、恐縮の限りです。

しかし残念ながら、私自身、そのような存在をいまだ確認したことがないのです。見たことがある、という人にもお会いしたことがない。申しわけありませんが、見たことのないものについて、お話することはできません。

もうひとつ、期待を裏切っているとすれば、「仏教の話を読みたかったのに……」というものでしょう。

曲がりなりにもお坊さんの書いた本であるわけですから、恐山という場所がテーマであっても、それに加えて「仏教のありがたい教え」や「ブッダが説いた本当の教え」を知りたかった、という方もおられると思います。

それについても期待に添うことができなくて相すみませんが、しかし何度も繰り返しているように、恐山という場所については、「仏教の教義」をもって説明し切れるところではないのです。

ただ、他のテーマでお話をしていても、「お前の話にはなぜ仏教が出てこないのか」という疑問をぶつけられることがあります。

「あなたの今日の講演は大変結構なものでした」とお褒めの言葉をいただいた後に、「それで、仏教の話はしなくていいんですか」と言われることがよくあるのです。もうひとつ言われるのは、「落研（落語研究会）の出身ですか？」で、これは語り口がお坊さんらしくない、ということでしょう。

「落研」については言下に否定しますが、私の話が仏教の話に聞こえないというのは、よく考えれば仕方のないことだと思います。

人々がお坊さんの説教に期待するのは、たとえば「仏様のありがたさ」「人の縁の大切さ」「命の尊さ」というものでしょう。

しかし私は「命は無条件で尊いものではない」なんてことを言ってしまう。そうすると、話の印象は強烈だが、とてもお坊さんの話だとは思えないかもしれません。私自身としては、縁起や無常という仏教教義につながる話をしているつもりなのですが。それをより具体的でリアルなものにするために、自分なりに考え、言葉にしたものをお話ししているつもりです。

話に阿弥陀様もお釈迦様も薬師様も観音様も出てこないと、とにかくみなさん心配するのですね。「この人は本当にお坊さんなのだろうか?」と。

なぜ私が、みなさんの求めるような「ありがたい話」をしないかというと、私自身が仏教に癒しや慰めを求めていないからでしょう。仏教に限らず、宗教というものは、人々の心を慰める機能があるでしょう。もちろんそれは、宗教に求められる大事な要素でもあるので、否定するつもりは毛頭ございません。「私は慰めてもらいたいんです」という方も多くいると思います。

ただ、私は、心を慰める以前に、仏教という方法によって、どうしても知りたいことがあるのです。

あるとき、永平寺で同僚だったお坊さんからずばりと言い当てられたことがあります。

「直哉さん、君には信仰がないね」

これは私の非常に特徴的な部分で、核心をついた言葉だと感じ入り、恐れ入ったのを鮮烈に覚えています。「お坊さんらしくない」と言われるのも当然のことかもしれません。

誤解して欲しくないのですが、私は宗教において信仰というものが必要ない、とは決して思っていません。宗教と信仰を分けて考えることはできないでしょう。

ただ、中には私のようなタイプの宗教者もいるのです。「信仰」を強制するのではなく、言葉でもってその本質にとことんまで迫っていこうとするタイプです。

そのようなタイプの宗教者にとって、ときとして信仰が邪魔になることがあります。

私は、自分の苦悩や問題を、どうにかしてリアルな言葉にしたかった。仏教を選び、その道に飛び込んだのも、仏教がそのヒントとなると思ったからです。信仰というものは、生きる上での痛みや切なさを中和してくれる機能があって、それは大変結構なことだと思います。

しかし、私が問題にしているようなテーマを突き詰めていく場合、信仰がときに邪魔になることがある。「信じるか、信じないか」の二択では、決して問題は解決できないのです。

仏教は生きるテクニック

それもこれも、私が仏教というものをテクニックとして考えていることに起因するのかもしれません。

仏教の教えというものは、私にしてみれば道具であります。それが使えるかどうかが大事で、使うまではわからない。そこは賭けです。仏教を選んだ以上は、「頼んだぞ」という気持ちでいます。しかしその賭ける気持ちと信仰は、少なくとも私の中ではイコールではありません。

「安心《あんじん》」という言葉が仏教にあります。

「信仰や実践により到達する心の安らぎあるいは不動の境地を意味する」と辞書にはあ

ります（『岩波仏教辞典』）。

「信仰がない」と喝破された私は、この「安心」がよくわからないのです。

しかし、「不安」ならば、よーくわかる。

ゆえに、私のテーマは「いかにして仏教で安心を得るのか」ではなくて、「不安な人間がどのようにして仏教を頼りにしているのか」で、それこそが私という宗教者の特質だとも思っています。

そして実際、道元禅師の『正法眼蔵《しょうぼうげんぞう》』の一節、「自己を習ふといふは自己を忘るることなり」という言葉を頼りに、私は仏門に飛び込みました。

この一節の圧倒的な存在感にひかれ、〝信じる〟というよりも〝賭ける〟という気持ちで出家したわけです。今となっては、空海や親鸞の凄みももちろんわかりますが、そのときのインパクトで道元に勝るものはなかったのです。

お坊さんになったきっかけがこのようなものですから、普通のお坊さんとはいささか考え方や意識は違うかもしれません。もちろん同様の問題意識を抱えているお坊さんもいることでしょう。たださほど多くないと思う。私が「斯界のアウトサイダー」と言われるのも当然のことで、「お坊さんらしくない」というみなさまの感想も、ある意味で的を射たものなのです。

弔いの根底にあるもの

前章の後半で、現代日本における死者供養のあり方について少しお話をしました。それに対する私の考え方も、他のお坊さんとは違ってきます。

私はよく、「あなたは霊魂を信じないのに、お葬式をやってるんですか？」と、訊かれることがあります。

私は霊魂を信じないのではありません。どうでもよいのです。なぜなら、死者は厳然と存在し、霊魂などより圧倒的にリアルだからです。

大ヒットした、お坊さんにとっては「困った歌」について、「お墓をつくらないで『千の風になって』しまうことをどう思いますか？　あとで後悔してお墓を作ればよかったと言う人もいますが」と訊かれることもあります。

そもそも、どう弔い追悼するかは、弔い追悼する人の意志の問題です。必ずお墓に入れるべきだなどと迫るのは、どう見ても余計なお世話です。もし、彼が後悔したなら、そのときは相談にのればよいだけです。ある者にとっての大切な人の死を、一時の、瞬間的な時間でとらえてはいけません。その痛みは、しばしば他人が想像するより長いのです。

「無縁社会」と呼ばれる昨今は、「最近、葬式抜きで、いきなり埋葬する方法が増えてきています。これはお坊さんとしては反対でしょう?」と尋ねられたことも数度あります。

残念だとは思いますが、反対ではありません。どう葬ろうと、葬る人の自由です。仏教の教義をどんなに検討しても、そこから直接現在のような葬式をしなければいけないという確実な根拠は、引き出せません。仏教僧が葬式をできるのは、それを望む人がいる限りにおいてです。したがって、今後も僧侶が葬式に関わりたいと思うなら、仏教のファンを増やし、僧侶への信頼を培い、「仏教僧侶であるあなたに自分の葬式をしてほしい」と、檀家なり信者なりに言ってもらう努力をするしか、対策はないのです。

私は巷間言われている「葬式仏教」に未来はない、と思っています。

ご存知のように現代において葬式仏教離れが進み、伝統教団は危機感を覚えていますが、弥縫策や延命措置をいくら施しても、根本から変えていかなければ状況が改善されることはないでしょう。

これまで伝統教団が構成してきた儀礼や体制そのものが、急速にリアリティを失い始めていることは疑いようがありません。なぜなら、それを支えてきた社会的条件が変化、もっと言えば、壊れつつあるのですから。

基盤が揺らいでいるのに、その上に乗っかっているものが盤石のはずはありません。まずそのことをはっきりさせなければいけない。その上で、どうすればいいかを考えなければいけません。「葬式は、いらない」と言われている現状に対して、「いや、やっぱり葬式は必要だ」と一本調子に力説するだけでは、いつまで経っても説得力が生まれません。

「いらない」と言われている葬式がダメならば、「必要だ」とされる葬式とはどのようなものなのかを模索し、一から再構築しなければいけません。

それは、従来の概念とは全く違った葬式になることでしょう。

病院で亡くなってから、そのまま火葬場に直行する「直葬」が急速に増えています。儀礼も仏教もお坊さんも必要ない、と考えている人をどのように説得すればよいのか。「やっぱりお坊さんは必要だな」と思わせるには、どのような言葉と論理を用いればいいのか。

そのためには、お坊さんが葬式に対してどのような覚悟で臨むべきなのか、根底のところから問い直さなければいけないのです。

葬儀のイノヴェーション

葬式仏教の現状維持を目指しても、無理なのです。いくら伝統教団の論理を用いて、従来の仏式の葬儀や弔いの方法がすばらしいかを説いたとしても、それは的外れのものでしかありません。

あたかもそれは、時代遅れで人気のなくなってきた商品を、売り手が必死で持ち上げ、消費者に薦めているようなものです。

それで消費者の心が動くはずがありません。既製品をいくらリニューアルして、必死でセールスしても、一度人気の落ちたものに飛びつくはずがない。それよりも、商品を根底から見直し、その反省を活かして、新製品をつくらなければいけないのです。

話をわかりやすくするために、洗濯機を例にとりましょう。

洗濯という行為は、人類にとって普遍のものですが、科学や工業の発展によってその方法はさまざまに変化してきました。川や水場で洗濯板を使って洗濯していたのが、洗濯機が開発され、その手間は一気に軽減されました。さらに全自動洗濯機が普及し、今は乾燥機付きのものが主流になりつつあります。

そのように、新製品が開発されるのにともなって、洗濯の方法はどんどん変化していきました。

死者儀礼も同じです。

人が死なないようにならない限り、大切な人との別離は、未来永劫なくなることはないわけです。それなのに、いつまでも旧式の洗濯機を使い続けようとしているのが、葬式仏教の現状です。乾燥機付き洗濯機が主流になりつつあるのに、「二槽式洗濯機はすばらしい」といくら力説しても、それは愚かなことです。

新製品を考えるためには、とにもかくにも、人間はなぜ洗濯をするのかということを、根底から考えるところから始めなければいけません。

衣服が汚れれば捨てればいいのに、なぜ人は洗濯という行為をするのか、あるいは、自分で洗濯しなくてもクリーニング屋に出せばいいではないか、というように。

死者儀礼の場合、人が人を弔うことには、どのような意味があるのか。そしてそれをなぜ仏教が担うのか。お坊さんが果たす役割とは何か——。

そこまで問いを深く下ろして、考えなければいけないのです。

弔いという行為は、人類共通のものです。古今東西、どの民族、どの文化にも存在します。人が人と死に別れるためには、何らかの儀式が必要なのです。そこを見つめない限り、葬儀のイノヴェーションもあり得ないでしょう。

「これからも大丈夫」と老僧は言った

以上のような話をすると、仏教界ではアウトサイダーになってしまいます。私自身は至極当然のことを言っているつもりなのですが。

もちろん、自分が誰も思いつかない立派なことを言っているという意識は毛ほどもありません。ただ、時代のめぐり合わせを感じることはあります。現在は、ある体制ががっちりと存在している状況ではなく、それが崩れ始める直前。そのようなときには必ず、「そもそもそれがどのような意味を持つのか」と、本質的な問いを抱く人間も出てくる。

仮に今が江戸時代で檀家制度がきちんと構築されている最中だとか、あるいは高度経済成長期の最中だとしましょう。社会システムが安定しているときに、「今の葬儀はダメ」と叫んでも、誰にも相手にされません。

イエ制度が確立されていて、昔の農村のような共同体がしっかりあれば、お寺やお坊さんの「葬式仏教」的役割を根底から問う必要もないわけです。

私が永平寺にいた頃、「このまま旧来の檀家制度に頼っていては、伝統教団はダメになる」と、ある老僧に生意気にも意見したところ、「そのようなことは、戦後すぐのときからずっと指摘されていた」と返され、さらに「それでも、いまだにダメになっていないじゃないか」と続けました。だからこれからも大丈夫、というわけです。

しかし、戦前と、戦後の高度経済成長期までの社会構造は似ていますが、今とそれは大きく違う。変わり目はバブル前後でしょう。そのときを境に、社会の文法が大きく変わってしまいました。

大きいのは、人口減少社会を迎えることです。二〇一一年十月にも、はじめて日本国籍を持つ人間の人口が減少したことが報じられました。これは決定的な出来事です。人口がこれからどんどん減っていくということは、檀家制度を支えていた構造が根本からぐらつくことを意味します。

それが七十代以上のお坊さんにはなかなかわからない。それに私は、もともと寺の出身ではないので、現状のシステムを前提として生きてきたわけではありません。もちろん伝統教団のもとで出家し、修行したわけですから、恩恵を受けていない、と言うつもりはありません。

しかし外様だからこそ、今のシステムの存立基盤がどこにあるか、ということに目がいくのです。その仕組みがまことに脆弱で、幻想的とも言えるシステムに頼っていることも見えてきます。今の檀家制度というものは、サザエさん一家のような、もはや消滅しつつある家族形態を基本としたシステムですから、早晩立ち行かなくなるのも当然です。

情報化する死者

私も葬式がすべて無くなるとは思いません。ただ、古き良き時代のものに戻そうという考えは、通用しないと思います。

弔いや死者儀礼をどうするかというのは、宗教以前の問題でしょう。四大宗教が発生する遥か以前から、問われ続けてきた問題です。人間が社会を構成し始めてからずっと存在していた習慣であり、宗教はそれをパターン化して自分たちの枠にはめていったのです。

人と死に別れる、ということは、人がどのような実存であり、その実存にとって他者とはどのような存在か、ということに必然として関わってきます。

弔いのプロセスが現代において簡便化している、ということは、人間の実存の仕方が変化しつつあることを示唆しています。

例えば、日本では特に遺骨や遺体というものを大事に扱ってきました。遺骨を骨壺の中に大切に保存し、それをお墓に納め、定期的にお参りをする。

それが最近になって、「死んだらお墓に埋めるのではなく、海や山に散骨してくれ」と希望する人が増え、遺族もそれにこたえようとしています。

それだけならまだしも、最近聞いた話で驚いたのは、電車の網棚にわざとご遺骨を「忘れる」人がいるというのです。駅の遺失物コーナーには、そのような行き場を失った遺骨がたくさんあるそうです。

さらにバーチャル霊園、バーチャル墓地と呼ばれるものが増えてきています。そこでは、故人の生前の映像や音声を流し、供養に行くとそれがモニターに流れる。リアルな場所にある場合もあれば、ネット空間の中に漂っているだけ、というものもあるようです。

遺体や遺骨を大切にして、そこに死者の尊厳を見ているならば、このような事態にはならないはずです。

早晩、遺体や遺骨は必要ないからとっとと処理してくれ、という時代が来るかもしれません。代わりに、故人の電子化・情報化が急速に進み、ＤＶＤやＵＳＢメモリーに彼の「情報」を保存して、好きなときにそれを取り出す——そんな死者供養が行われる時代が意外と早くにやって来るかもしれません。

先に述べたように、死者をどう扱うかという問題と、生者のあり方というのはつながっています。ネットが普及し、生身の身体に重力がかからなくなり、人間の実存自体が情報化されるのならば、当然死者だって情報化されていきます。

しかしそれをけしからん、と言って、再び重力がかかる方向に戻せるかといったら無理でしょう。弔いや死者儀礼というものは、時代の影響をまともに受けるのです。今までどおりの方法を通用させるのではなく、身体に対する概念自体を変えなければいけません。

死者供養という観点から考えてみると、これまで死者と生者をつなぐものが、遺骨や位牌、お墓といった目に見えるものだったのが、電子や情報といったメディアに変化していく。この意味は、人間の実存にとって決定的に大きなものだと思います。

しかしだからといって、遺骨や位牌が全てなくなるというわけでもないでしょう。ただその扱いは大きく変化していくはずです。

その良い例が、遺骨をペンダントにしたり、指輪にしたりする、いわゆる手元供養というもの。昔だったら遺骨をアクセサリーに加工するなんてことは、死者への冒瀆とされ、あり得ないことだったはずです。

死者の情報化というものが避けられない流れにあるとしても、その情報化がはたしてどのような意味を持ち、どうあるべきものなのか、我々宗教者は必死で考えなければいけません。そのあり方を根本から問うことこそが、これからの宗教者の役割なのです。

自分らしい逝き方

死者儀礼に大きな変化が訪れようとしている現在、よく耳にするフレーズに「自分らしい逝き方」という言葉があります。

生前さして仏教と縁もなく、どこかの寺の檀家でもない人が、死んだときだけお坊さんにお経をよんでもらう、そんな葬儀はしたくない、というのが「自分らしい逝き方」にこだわるひとつのパターンでしょう。

それよりは、音楽が好きだった「自分らしく」、好きな音楽を流してもらうなど、無宗教式の葬儀を行うことを生前に決めておく。

あるいは、葬儀だけではなく、どこで死ぬか、という問題。病院ではなく、「自分らしく」自宅で往生したい。延命治療を施さずに安らかに眠りたい、というこだわりも、「自分らしい逝き方」にとって重要なトピックになっています。

このような「自分らしい最期」にこだわりたい、という人が増えてきているというのも、死者儀礼をめぐる大きな社会的変化といえます。

それに対して思うのは二つのことです。

ひとつは、仏教者という立場から、「自分らしい」というのは幻想であり、それにこだわるのは意味がない、ということ。そう冷たく言い捨てることもできます。

しかしそれ以上に、そのような幻想が必要な時代だということを痛感します。「自分らしさ」にこだわる、というのは、裏を返せば、自分というものが危ういということでもある。だから時代がそれを求めるのであれば、それに応じていく道もあるでしょう。

もうひとつですが、死んでしまった人は、弔うという行為には関係がない、ということです。弔いというものは、死者ではなく遺族のものです。遺族ができる範囲のことをすればいいのです。それ以外の人はなるべく口を出さない方がいい。それが私の考えです。

因果律を破る死と大往生

「自分らしい逝き方」を全うできるのは幸せなのかもしれません。

ときに死は、突然訪れます。

それが事故であれ自殺であれ、「なぜ?」という疑問が残るような死に方をされるのが、遺族にとっては一番きつい。あるいは、「もしかしたら、自分のせいで死んだのかもしれない……」という気持ちが残ってしまう死に方もきつい。

「原因→結果」という因果律でもって人はものを考えます。これは人間の奥底に埋め込まれた普遍的な考えです。

ただ、因果律で解決できる死ばかりではありません。そのことに直面して、悩み苦しんでいる人というのは、大変切ないものです。

「なぜ他の誰でもなくてあなたが死んでしまったの?」

「あのとき私がこうしていれば、あなたは死ななくて済んだのに……」

死を前にして、因果律が無効だと頭ではわかっていても、どうしても「なぜ？」と問いかけてしまう。そのような人は、答えのない問いをずっと抱えたまま生きていくことになります。

その対極にあるのが、「大往生」と呼ばれる死に方です。

これは逆に、死後「なぜ？」と問われないような、納得のいく死に方をした人のことでしょう。それは享年を問いません。

だいぶ以前のことですが、九十歳のおばあさんの葬式に呼ばれて、福井まで行ったことがありました。

彼女は家族で食事をしている最中に、ことが切れたそうです。いつものように居間に集まってご飯を食べていたときに、おばあさんがお茶碗を持ったまま動かなくなった。不思議に思ったおじいさんが「ばあさん、寝ちまったのかい？」と声を掛けても動かない。実はそのときすでに亡くなっていたというのです。

これが大往生でしょう。

私の師匠は、葬儀にのぞむ際、その人が長患いだったとすると、まずはその家の奥さんのところに行くようにしていました。それで開口一番「ご苦労だったね」と言う。それを見て私が驚いていると、「一番大変だったのはあの人だ」と言いました。「ご苦労様と家族の人も彼女に言うだろうが、お坊さんが言うのとはまた違うんだ。人間を看取る、葬るという行為の大切さは、お坊さんから言われないと腑には落ちないんだよ」

なるほど、ここにお坊さんの役割があるのかもしれないと、感銘を受けたことを覚えています。

弔いの意味を問う

「自分らしい逝き方」にこだわり、自分の葬式のことをあらかじめ細かく決めておく。それが遺族の負担を軽減するのならば、それでいい。

ただ、死とはどのようなものなのか、残された者にはわかりません。「自分らしい逝き方」を全うしたとしても、それで本当に良かったのかどうか、確かめる方法はありません。死んだ後のことは、残された人間に一切を任せて、あっさりと去っていく方がよいと、私は思います。

いずれにせよ、好きなように死なせればいい、という考え方もあるでしょう。それについては、我々がとやかく言うことは基本的にはないと考えます。

ただ、僧侶としての経験上、故人の好きなような形で葬儀をしたあとで、そのことを後悔する遺族も少なからずいるのもまた事実です。

例えば、「自分らしく」、無宗教で自宅葬を行った。ところがその後で、やっぱり普通の葬儀をやればよかった、と遺族が私に漏らしてきたことがあります。

なぜかというと、「葬儀を済ませた後も、いつまでも人が来てしまう」のだそうです。つまり区切りがつかない。

そのような葬儀を希望した故人ですから、当然お墓に入ることも拒み、好きだった海に骨をばら撒きました。ところが遺族は、お墓がないと、後でどこにお参りをすればよいのかわからなくて困ったといいます。

繰り返しますが、基本的にはその人の好きなようにさせればいい。問題なのはその後です。残された遺族たちのケアまで宗教者は考えなければいけません。

もちろん「散骨したい」と言ってきた人に、「それはやめて、うちにお墓を作れ」と強要するお坊さんは問題外ですが。

故人の遺骨を散骨した遺族が後々になって後悔しないように、お坊さんは見守る必要があります。ただその場合、葬祭執行者という立場を優先してはいけません。「うちの寺では樹木葬もできますので、今度ぜひ試してください」なんて、寺の営業マンみたいなことを言ってはいけないのです。そうではなくて、大切な人を亡くした人の気持ちを汲み取る努力をし続けることが何より大事です。

人が誰かと死別するということ、その死別を悲しむ人がいるということ、そして追憶には長い時間を要する、ということについて真剣に考えなければいけません。

人間だけが人間を看取ります。

人間だけが人間を埋葬します。

そして人間だけが故人を想い出します。

そのことをふまえて、根底から弔いの意味を問い直さなければいけないのです。

お葬式を頼まれるお坊さんになれ

死者儀礼と仏教の関係には、何か必然的なものがあるわけではありません。それは後付けの強引な理屈に過ぎない。

「仏教のお葬式はすばらしい」と言わなきゃいけない立場の人間がいる、ということはわかりますが、死者儀礼を教学的に裏付けようとする作業には抵抗があります。

それは、仏教も人間も見えなくしてしまいます。

仏教が日本において死者儀礼を担ったという歴史的事実はその通りだと思う。それがどのように発生し、仏教の教義のどの部分と対応し、機能したのかということを考えるのも、また結構なことです。ところがその結果、死者儀礼を仏教が担わなければいけない、ということにはならないでしょう。

仏教の世界観に基づいてお葬式をやってほしい、という人がある程度いたからこそ、その役割を担っただけであって、仏教の教義から必然的に導けるものではありません。

つまり、昨今の葬儀をめぐる問題は、葬式仏教が仏教になっていないからいけない、それを教義で裏付けろ、ということではないのです。

そうではなく、多くの人が自然にお葬式を頼みたくなるようなお坊さんにならなければいけないのです。

死者儀礼をどのようなものにするかは、遺族が決めることであって、それはキリスト教でもイスラム教でも無宗教でもいい。そのときに、お坊さんがいかに「あの人に葬式をあげてほしい」と思われるか、そのことに尽きるのです。

死者を想うための器

そのことをふまえて、再び恐山という場所について考えていきましょう。

恐山には、死別と追憶がむき出しのまま横たわっています。

そこに我々お坊さんは介入することができません。それが恐山に来てつかんだ実感です。人間にとって死別と追憶というものは普遍的なものです。それが生々しく横たわっているところに、仏教の教義をそのままかぶせても、実に詮無いことです。

あるとき、バックパッカーの若者が言いました。

「恐山というところは意外と整然としていますね。もっと荒涼としていた方がいい」

私にはその気持ちがよくわかります。

「パワーレス・スポット」である恐山は、そこが空虚であればあるほど本来の力を発揮します。そこにいろいろな人為的なサービスを持ち込んでしまうと、その空虚さが埋まり、せっかくの器も小さく見えてしまう。だから本当は、もっと荒涼としていた方がいいのかもしれません。

しかし反面、恐山に仏教の設えが最低限の形としてあるからこそ、そこが弔いの場所であると認識できるとも言えます。本当に何もない場所だったら、そこが死者に出会う場所だということはわかりにくい。そこは難しいところです。

仏教が恐山を規定しているわけではないけれど、その思いを汲む器として仏教は機能しているのです。

人間は水を飲むのにもコップという器を使います。人間の衝動というものは、何かで汲み上げられない限り感情にはなり得ません。死に対する衝動を汲み上げるにも、何らかの器が必要なのです。

その器として機能したのが、日本の場合は仏教だったのです。それは恐山でも同じです。仏教の器があるからこそ、そこに入っているものの匂いや味、形がわかるのです。人が死を思い、故人を拝むには器が必要なのです。目に見えるものをよすがとしなければ、死者というものも立ってきません。何もないところで、「自由に死者を想い出してごらん」と言われても、思考は次第にとりとめなく拡散するばかりで、しまいにはどうしてよいかわからなくなるでしょう。そこには何らかの器が必要なのです。

死者と適切な距離を保つために

直葬や散骨といったケースがこれからもっと増えていった場合、次に考えなければいけないのは、死者との距離をどう作るのかということです。これまでは、位牌やお仏壇、お墓がその距離を形作っていました。しかし、それらがどんどんリアルなものではなくなってしまうと、別の手段を考えなければいけません。

では、はたして、記憶や想い出といった人間の脳だけで、その距離を作ることができるのでしょうか。

私は無理だと思う。だからこそ先ほどいったように、故人のＤＶＤや遺骨のペンダントのようなものが、位牌やお墓に代わる、生者と死者をつなぐ媒介物として出てきているのでしょう。

そういった媒介物なしに、記憶だけで出来るのであればそれでいい。それならば、恐山に来る必要もありません。しかしそれが一生続く保証はないのです。

故人への気持ちの整理がついたと思っていた人が、ある日突然、忘れていたはずの死者の記憶に取り憑かれてしまう、ということがよくあります。そして恐山にまでやって来る。話を聞いてみると、実は親子関係でトラウマを抱えていたとか、葛藤を抱えたまま死別してしまったとか、苦しい記憶がよみがえってくるのです。

不思議なのは、それが自分の問題であるにもかかわらず、「あの人はまだ成仏していない」と死者の問題にすり替えてしまうことです。

そのような人たちと話をしていると、媒介物なしで、死者と向き合うのは大変だと思います。やはり距離を取るための何かが必要なのです。

例えば四十九日という節目があります。仏教では「中陰」とも「中有」とも言いますが、死者が亡くなってからあの世へ旅立つまでの期間のことを指します。それは死者が段々と仏さんになっていくのを応援するという儀礼で、なかなかよく考えてあります。初七日、二七日、三七日と法事をして、成仏できるように応援する。

しかしそれももうリアルなものではなくなってしまった。今お坊さんが「七日毎に法事をしましょう」と言っても、よほど信心深い家でない限り、「こいつまたお布施を取るつもりか」と怪しまれるだけです。

ただ、このような「猶予期間」という考え方は秀逸なもので、死者の存在が落ち着かない期間というのはあるわけです。それは生者の側が、気持ちの整理をつけるために必要な期間なのです。従来の四十九日法要が機能しないのならば、次代の宗教家はそれに代わる何かを考えなければいけません。

それは「四十九日法事の現代的意義を考えよう」ということではありません。何度も言っているように、そもそも四十九日の法事というものがどのように始まったのか、その根底から考えなければいけません。

死者との関係の再構築、あるいは死者というものを自分の中にどう位置づけるか、それを考えるために四十九日の区切りというものはあるのだ、ということを、きちんと話さなければいけません。

死者は懐かしくて恐いもの

おそらく、人間には拝むものが必要なのです。

なぜなら、死や死者に対する懐かしさと恐れが、人間には抜き難くあるからです。なぜそのような感情が生じるかというと、死という、わけのわからない何かが自分の内側にもあるからです。それを処理するためには、拝む対象がどうしても必要になってくる。

ただ、むき出しの死者に対して拝むことはできません。それは恐いことです。死者を拝むためには、死者の輪郭をはっきりさせて、自分との距離を作ってくれるものが必要になってきます。それが宗教の仕掛けなのです。お墓でも、仏像でも、位牌でも、イタコでもいい。一定の距離を生者と死者の間に作るために、そのような装置が必要になってきます。

　また、死者は懐かしいばかりじゃありません。

　人はどこかで死者を恐れています。

　誰だってそうでしょう。死んでいってしまった人に対して、良い思い出ばかりがあるわけではない。そこには後悔や、詫びる気持ちや、恐れといった感情がある。

　生前どんなに仲の良かった親子や兄弟、夫婦、友人でも、生きている限りそこには摩擦もあれば葛藤もある。詫びなきゃいけないこともある。

　どんな他者であれ、他者というものは本来的に了解不能なものです。誰だって他者のことはわかりません。

　懐かしくて恐い――。

　そこには矛盾した感情があります。

　やがて他者が死者となれば、もっともっとわからなくなる。

　もっともっと懐かしくなる。

　もっともっと恐くなる――。

　そのときに生者との距離を保つものがなければ、とてもじゃないけれど耐えられない。

「鎮魂」という行為は、まさに生者と死者の間に距離を作りだすことです。

恐山というところは、死者に近づくことができる場所ではあるのですが、さらに深く考えていくと、死者と距離を作るための場所でもあるのです。

距離の取り方は、訪れる人それぞれにやり方があります。供物を納める、石や風車を置く、草を結ぶ、木に手ぬぐいを巻くなど、さまざまです。

我々お坊さんとしては、供養したり祈禱したり、生きている人ならばその人の幸せを願うし、死者に対してもあの世の幸福を願います。仏教の教義を押し付けることなく、申し込まれた儀礼を執行して、あとは自由にお参りをしてもらう。中にはイタコさんに口寄せをお願いする人もいるでしょう。

死者に会いに行ける場所であると同時に、それぞれがそれぞれのやり方で自分たちと死者との適切な距離を作ることができる場所でもある。

それゆえに人々はひきつけられる。

恐山とは、そのような場所なのです。

無常を生きる人々　あとがきに代えて

彼らは来た

実は、この「あとがき」をのぞいて本書は、二〇一〇年の内に、あらかた出来上がっていた。もし、3・11の震災がなかったら、このあとがきは無かったか、こんなに長くならなかったであろう。

恐山は直接の被害を受けたわけではない。そうではないけれど、しかし、ある意味で当事者と言えた。恐山の最も熱心な信者の人々が住む地域が、まさに青森から北茨城の太平洋に面する地帯、被災地全域だったのである。深い縁のあるところに、突如として膨大な数の犠牲者（死者）と被災者（遺族）が出現したのだ。

震災直後、恐山山主（住職）はその壊滅的な被害を映像で目にするや、我々に恐山の開山と同時に設置できるように、犠牲者の位牌を準備することを指示した。ついで、本年（二〇一一年）は被災地からの参拝はほとんど無理だろうが、全国からの参拝者には、境内のどこかで犠牲者に掌を合わせてもらえるように、大型の卒塔婆を建立することを命じた。

早速その手配は進めたが、私も実際、参拝者自体が激減するだろうし、被災地からお参りがあるのは、早くても翌年からだと思った。

報道のほか、永平寺時代の修行仲間などを通じて様子を聞けば、寺院も甚大な損害を受け、僧侶にも犠牲者は多く、一帯は葬儀や供養さえままならないらしかった。そもそも、遺体の確認さえ困難で、行方不明者も数知れない有様だという。

原発の惨状や交通機関のダメージを含め、あまりに大きい被害なので、山主も一時は開山の延期や中止を考えたようだが、一人でもお参りがあるなら開けるべきだとして、例年通りの開山に踏み切ったのである。

いつもなら、開山すれば、まず沿岸の各漁港の漁師さんが大漁祈願のお参りに来られ、それがすむと、農作業が一段落した六月あたりから、団体や家族で先祖供養の人たちが続々上山してくる。

開山日の五月一日、開けてみれば、思ったとおりの参拝者大激減である。前年の半数をはるかに割り込む状態だった。

しかし、にもかかわらず、その当日に、被災地から、人は来た。来たのである。

最初の一人は忘れもしない。漁師さんだった。

「いや、幸いに、家が高台にあったんで、家族も住むところも無事でした。でも、漁船も漁具もすべて流され、港は全部ダメになりました」

この人を最初に、毎日、数人がやって来る。その数は次第に増え、六月に入ると、ガイドさんが「このバスの半分は被災者よ」と言う例が出てきた。

六月の下旬には、団体のほとんどは仮設住宅に住んでいる人だ、という話も聞いた。

さらに七月に入ると、団体バスは増えないのに、乗用車が急に多くなってきた。そのナンバーは、ほとんどが被災地の各県のものだった。被災した親戚の代理でお参りだと、そう言う内陸部の人たちも多かった。彼らは来たのである。

悲しめない心

とはいえ、たとえば、供養の法要を申し込まれて、申込書で被災地からのお参りの人だとわかっても、受け付ける我々は、自分たちからおいそれと話しかける気にはなれなかった。というより、まともな言葉が見つからなかったのである。

最初、私はただ黙っていたが、ある日、つい「ああ、大船渡ですか……」と口に出したとき、相手が「そうなんです」と受け、こちらが何も訊かないうちに、津波の凄まじさと亡くなった親族の話を、堰を切ったように語りだした。

私はそのとき初めて、彼らに言いたい気持ちのあることを知った。そしてこの後、被災者、遺族の話を聞く機会を積み重ねるうちに、彼らにしてみれば、他でなかなか言えないことも、恐山だから話せる場合もあるのではないかと思うようになった。

忘れ難い人がいる。年の頃なら二十歳そこそこ、頭を金色に染めた、言うところの「ヤンキー」のような若者である。

そのとき、彼は実に気のなさそうな様子で、肩を心持ち前後に揺らしながら、ガニマタで受付にやってきた。こういう類いの人物が一人で現れることはまずないので、最初は何事かと思った。

「あの、塔婆の供養……したいんっすけど」

「ああ、そうですか……」

私は申込書を出し、簡単な住所と名前を書いてもらった。気仙沼、とあった。

「で、ここはどう書くんすか？」

「ご先祖様か、亡くなられた方の、できれば戒名、あるいは俗名を書いて下さい」

「あ、戒名ね、わかるんだな、これが」

彼はズボンのポケットから、クシャクシャの紙切れを出した。その戒名は女性と、生まれてこなかった子供を意味していた。

「女房と子供なんす」

書きながら、彼は話した。

自分が仙台で働いているとき、ある女性と恋に落ち、結婚した。しばらくして彼女は妊娠、順調に臨月を迎えた。どこで出産するか。彼は仙台もよいが、やはり実家近くの病院が安心でよかろうと、彼女の実家のある気仙沼に送り出したのである。

予定日が近づくにつれ、彼は毎日吉報を待ったであろう。そして、三月十一日、いきなり津波は彼女と生まれて来るはずだった子供を飲み込んだのだ。

彼はそれを、申込書に顔を伏せたまま、「〇〇っす」口調で話した。私は相槌も打たなかったと思う。

「これでいいっすか?」

「……、ええ」

私はようやく、そう言った。

「で、どうすればいいんすか?」

「十一時から法要なので、上の地蔵殿というお堂まで行って、お待ち下さい」

「あ、そうすか、じゃ、どうも」

彼はコンビニで買い物した後と変わらぬ様子で、スタスタと受付を出て行った。

後ろ姿を呆然と見ながら、私はふと、彼はいま、悲しくないのだと思った。悲しめないのだろうと。悲しむためには、何を失ったのか、その意味と重みを実感しなければならない。それは実際には、思い出すことなのである。彼が彼女と出会い、結ばれ、妊娠を喜びあったその日々の、その二人で分ちあった経験を心から思い出せない限り、彼は悲しみようがないだろう。

彼はおそらく、まだ起こった出来事を自分の中に十分落とし込んでさえいないのだ。

自分に対しては、起きてしまったことはもう仕方が無い、と言い聞かせ、他人からは、君が悲しむと、奥さんはもっと悲しむよ、とでも言われたかもしれない。この若さなら、自分の生活は無論、故郷である地域全体の一刻も早い再建にがんばることも、期待されているに違いない。

彼は、悲しむだけの余裕が、いまも無いのだ。どんな弔いをしたのだろう、と私は思った。葬式はできたのだろうか。遺体は戻ったのか。

もう一人、いる。七十代半ばの婦人だった。彼女は同居していた息子を亡くした。親子二人で暮らしていたのである。

地震の大揺れがおさまって、息子は母親に、おそらく津波が来るから裏山にすぐに行け、と言った。オレは、下の貴重品を二階に上げてから行く、と。つまり、彼はその程度の大きさの津波を予想していたのである。

母親が裏山に続く階段をようやく半ばまで登ったとき、「あ〜〜〜〜〜」という、叫びとも悲鳴ともつかぬ声が、上から聞こえた。振り返ったら、巨大で真っ黒な水塊が、いくつもの建物を巻き込みつつ、まさに自分の家に激突した瞬間だった。

「あの日から私、全然涙が出ないんです。避難所で、知り合いのお寺の奥さんから、泣いてもいいのよ、がまんしちゃだめよ、と言われたのですけど、今でも悲しくないんです。泣けないの。なんでかな」

そう言って、彼女は目を真っ赤にした。泣けないことを泣いたのである。

死者がいない人たち

彼らには、まだ死者がいない。失われた人が死者になりきっていないのだ。死そのものを理解できない人間は、別離という生者の経験になぞらえて死を考えるしかない。

別れとは何か。それは、今まで自分の人間関係の中に織り込まれていた人物を、不在者として位置づけなおすことである。「不在」という意味の存在者に仕立てることである。だから、別れには挨拶がいるのだ。作法が要るのである。挨拶は、そのような存在の仕方を互いに許し、確認する行為である。

死による別離も事情は同じである。弔いという行為が人間の社会にあるのは、生者に挨拶があるのと同じことなのだ。この過程を経ないと、別れは別れにならず、死者は死者として「存在」できない。その「存在」と生者は新しい関係を結ぶことができない。適当な距離をとれない。

念のため断っておくが、私は何も従来どおりの葬式をしなければダメだなどという間抜けなことを言いたいのではない。遺された者が、確かに彼と別れたと実感するかどうかなのだ。死んだのはまさに彼だと納得するかどうかなのだ。たとえ、形式として葬儀をすませたとしても、そこに実感も納得もないなら、まるで無意味だ。

そもそも、弔いとは時間のかかる行為なのである。ときに儀礼の形式をかりながら感情を整理して、死者を死者たらしめるには、短くない過程が必要なのだ。

突然の大量の犠牲者と被災者の状況を思えば、おそらく彼らには十分な別れがない。つまり、「死者」になりきれない。遺体が発見されなければなおさらだ。その意味では、事故などで急に家族を奪われた遺族も同じである。

失われた人への様々な想いも、死者になりきれない存在には預けようがない。「ひょっこり帰ってきそうな気がする」人に、「なぜ死んじゃったの」と、剝き出しの悲しみをぶつけることはむずかしい。

恐山にイタコさんを訪ねて来る人は、これからますます増えるだろう。その心情は、別れの過程をそれなりに経た人に比べれば、ずっと切実なはずだ。彼らは、何よりまず、きちんと別れたいだろう。まともに別れることのできなかった悲しみと悔恨を、失われた人と共有したいだろう。死者を死者として認めたいだろう。

教義の無力

だから、彼らには、安直に語り出される宗教がかった言葉は不要なのだ。それを言う人に悪気はなかったとしても、言われた者は、その言葉を消化できない。死者を死者として納得しがたいうちから、死者を適当に意味付けするような言辞を押し付けられても、受け容れられるはずがない。

こういう人もいた。彼女には娘と孫の女の子がいた。そしてかわいがっていた姪がいた。ところが、この姪は重症の不妊症で、治療をしても妊娠の可能性は高くないと医者から言われていたそうだ。

あの震災の日、娘と孫は彼女から一度に奪われた。ところが、その十日ばかり後、姪が妊娠していることが判明した。家族は大喜びだっただろう。が、周囲の幼い犠牲者の多さを思えば、単純に喜べない。ましてや、親族である彼女は娘と孫を失っている。

このとき、ある親戚が彼女のもとを訪れて、姪の妊娠を伝えた。彼女は「ああ、よかった」と、ただ思ったと言う。しかし、続く親戚の言葉が彼女の気持ちを折った。

「おなかの子、きっと○○ちゃんの生まれ変わりよ」

ここまで話をして、彼女はしばらく黙った。そして、私の目をまともに見て言った。

「和尚さん、生まれ変わりって本当にあるんでしょうか？」

彼女の問いは、仏教の教義で割り切る筋合いのものではなかった。輪廻転生の理屈を話したところで、何になるというのか。彼女はそんなことはどうでもよいのだ。そうではなく、孫の「○○ちゃん」にまた会えるのか、と訊いているのである。

私は言った。

「あるといいですね」

そう言って、間髪入れずに続けた。

「でもね、あったとしても、そのおなかの赤ちゃんとあなたのお孫さんは、まったくの別人です」

「そうですよね！」

彼女は両手を顔の前で合わせて、みるみるうちに涙をためた。

「そうなんですよね。私を最初におばあちゃんにしてくれたのは、その孫だけなんです」

この想いの預け先が、彼女にはどうしても必要なのだ。生まれ変わりなど、誰であろうと意味をなさないのである。

恐山での仏教は器にすぎず、教義などは無用だと私が言うのは、こういうことなのだ。器にあらかじめ要らないものを入れておいてはいけない。

無常を生きる

突然の膨大な死は、その数だけの悲惨な問いを生み出した。それは、「どうしてあの人は死に、自分は生きているのか」という問いである。

ある男性は、オレみたいな年寄りが生きてて、若えもんが死んじまっちゃあ……、と言った。

助けて、と叫びながら流されていく人を何人も見た、という人もいた。

そして、まったく揺れを感じなかった暖かい部屋にいて、津波に飲まれていく自動車の映像を見ながら、なぜ、自分は彼らではないのだろう、とあの日私は思っていた。

悲痛と悔恨と後ろめたさ。それぞれ感情に違いがあるにしろ、その底に同じ問い――答えることが無意味で、「仕方が無かったんだ」と自分に言い聞かせる以外に、何の引き取りようのない問いがある。他者がそうであり、自分はそうでないことに根拠がない。この根源的な欠落の不安を自覚することこそ、無常ということだ。理由のわからなさに戦慄することが、無常の感覚なのである。

無常が死者を欲望させる。「仕方の無さ」を自分に受け入れさせようとすること、それが自己の無常から噴き上がってくる死者へのどうしようもない想いの正体だろう。

3・11以後の人々が、この無常を、強度の違いはあれ、ひろく共有したとするなら、私は死者を語る今までとは別の質の言葉を、日本の仏教は持ちうるのではないかと思う。それは単に仏教の問題にとどまらず、今後の人間と社会のあり方を考える有効なツールになり得るかもしれない。

近代の敵意

西欧に起源を持つ「近代社会」というシステムは、資本と科学技術によって、あらゆるものの在り方を規定した。とにもかくにも、このシステムは今に至るまで支持され、「成功」したのである。

このシステムの成功にとって大切な人間とは、より大量に生産し消費し交換する人間である。そうでない人間は、本質的に無用で邪魔な人間である。つまり、老人、病人、犯罪者、子供だ。

したがって「近代システム」は病院や福祉施設や学校や刑務所を発明して、彼らをそれぞれに囲い込み、生産し消費し交換する効率を落とさないようにしたのである。

この処理方法は基本的にきわめて有効だったが、システムは原理的に、どうしても処理できないものを残した。死と死者である。

死と死者は生産し消費し交換することを妨げるどころか、無意味にする。このシステムにとっての最大の障害は、いかにしてもシステム内で処理できない。

近代以前の死は、日常であったろう。病院がない以上、家で死ぬしかないのだから。死に対してとるべき態度は、共同体の信仰形態によって様式が決まっていた。それは要するに、その共同体における「死」が何であるか、あらかじめわかっている、ということである。

死者も、「精霊」とか「祖先」という枠組みで共同体に包摂されていた。人々の日常的な振る舞いを「精霊」や「祖先」が規定していたのである。つまり、生者と同じように、いや、それ以上にリアルな存在だったのだ。

そのようなノウハウを、近代は持たない。それらを排除し続けることで、効率を上げてきたのだ。死も死者も見ないように、あたかもそんなものなど存在しないかのように、振舞い続けてきたのである。近代は死と死者を嫌悪する。近代の科学は医療技術となって、人間から死を排除しようと邁進した。「延命」とはそういう意味である。排除は臓器移植や再生医療、遺伝子治療などとなって、人間から死を蒸発させようとしてきた。

このとき、近代の迷妄は、「延命」は「延命」に過ぎず、死と関係ないことを理解できないことである。

「延命」は、死を延期したり排除することではない。単に身体の崩壊を遅らせることである。死は観念であって、臓器のごとき対象ではないのだ。だから、「延命」の果てに「脳死状態」が出現したとき、狼狽して「死」とは何かをあらためて法律で決めたのである。

だが、死ぬのは「私」だけである。他人にわかるわけがない。他人が決めたことの実際は、どの時点で焼いたり埋めたり、臓器を取り出しても犯罪とならないか、という物理的基準だけだ。死とは関係ない。我々に死が何であるかを納得させるものとは、まったく違うのである。

「政教分離」という近代が必要とした統治原理の根本的なテーマは、いないはずの死者が社会の表面に迫《せ》り出してくる事態を防ぐことである。政治が怖れる宗教権力の源泉は、死と死者の支配にあるのだから。分離した上で、宗教を「法人化」してシステム内に囲い込み、その中で病人を病院が管理するように、死者を管理させようとしたのである。

これは愚かな試みだったと言えよう。なぜなら、死者を欲望させるのは我々の中の欠落なのだから。欠落を、つまり無いものを、どうやって管理するというのか。

したがって、システムに責任のある死者（たとえば戦争犠牲者）の扱いは、特に覚束ない、拙いものになる。

ここでも致命的な誤解がある。死者と生者がまったく別の存在としか、このシステムは考えられないからだ。抽象化された「犠牲者の御霊」を「慰める」以外、なすつもりも、なしうることも、ないのである。

この場合に「慰める」とは、システムにとって、生者から死者を穏やかに隔離することと、つまり、優しい排除なのだ。「慰める」システムは、決して死者を「想い出す」ことはない。

死者は、生者の根源的欠落、つまり生者の中の死から欲望されている。システムが扱いきれるわけがないのである。

システムが公認した「宗教法人」が提供する死と死者の扱い方も、結局は同じことである。市場経済に基づいているシステム内では、その扱い方は「商品」とならざるを得ず、「商品」ならば、生きている人間同士の交換の問題で、死とも死者からも遊離していく。

死を放つ場所

したがって、近代システムがどれほど拡大し深化しても、いや、すればするほど、死も死者も管理の及ばない場所を求めて移動してゆく。

突拍子もない新宗教や、「迷信」と呼ばれるような民間信仰へ、そして得体の知れない霊場へ。そのような場所で、我々が死者を欲望することで、死者は存在を回復し、我々は自らの死、根源における欠落を解き放つ。その欠落は、欠落のまま許される。つまり、そこでは、死者も自らの死も悪ではなく、忌むべきものでもないのだ。

恐山に初めて来たという人が、異口同音に言うセリフがある。

「恐いところだろうと思って来たんですが、全然違いました。なにか、懐かしくなるようなところでした」

彼らは何が懐かしいのだろうか。それは、死である。

ここに充満する死者のイメージは、死者のものであるがゆえに空虚である。大量に積みあがったお供え物や遺品は、まさに大量の無意味だ。

大量に「存在する」空虚。それはすでに、生きている「私」の死のイメージである。

死者を抱えなおす社会

３・11以後の社会を我々が構想しなければならないとするなら、それは今までの延長上にはない。それは、我々がその上に乗り続けてきた近代のシステムの更新や修正です む話ではない。

それは、近代がまったく勘定に入れてこなかった社会、膨大な死者を抱え込む社会である。３・11は始まりにすぎない。この先毎年、増え続ける高齢者が死に続ける。

ところが、この死者は最早誰にも欲望されない死者かもしれない（たとえば「無縁死」「孤独死」）。高齢者は増え続け、下の世代は減り続けるなら、彼らは誰によって弔われ、死者として存在させられるのだろうか。

それは同時に、我々の死への態度を変えていくことになるだろう。大量の死者は、我々の中の死を日常的に刺激し続けるかもしれない。生きている間に我々は次第に死に馴れ、死へと傾斜し続けるかもしれない。尊厳死は当たり前に、意志的な安楽死は許容され、終《つい》には、病気や余命とは無関係に、寿命の長短を自分で選択することさえ、我々は望むようになるかもしれない。

生産と消費と交換の効率を追い求める社会は、かくのごとき死者と死を包摂する方法を持たない。

もし持つとするなら、包摂ではなく、新しい形の死の排除である。それは、これまでの「延命」という方法ではなく、究極において、寿命の管理という「死の制度化」に至るだろう。制度化された死とは、要するに、無用になった身体の始末であって、死ではない。延命が死と無関係なように、これも死とは無縁である。

ならば、我々はその方法を取り戻さなければならない。すなわち、死者を想い、死を語る作法をもう一度引き込み直さなければならない。そのとき、宗教は、仏教は、どのような作法を示しうるだろうか。あるいは、それ以外の何が、示すだろうか。

そして、霊場恐山は、いかにそこにありえるだろうか。私にいま、結論はない。

平成二十四年四月　恐山開山を前に

南　直哉

南直哉　禅僧。恐山菩提寺院代（住職代理）。1958（昭和33）年生まれ。84年に出家後、永平寺で約20年の修行生活を経て、05年より恐山へ。著書に『老師と少年』『人は死ぬから生きられる』（共著）など。

Ⓢ新潮新書

464

恐山《おそれざん》

死者《ししゃ》のいる場所《ばしょ》

著者　南直哉《みなみじきさい》

2012年4月20日　発行
2025年1月15日　13刷

発行者　佐藤隆信

発行所　株式会社新潮社

〒162-8711　東京都新宿区矢来町71番地
編集部(03)3266-5430　読者係(03)3266-5111
http://www.shinchosha.co.jp

印刷所　錦明印刷株式会社

製本所　錦明印刷株式会社

ISBN978-4-10-610464-0　C0215

価格はカバーに表示してあります。